미리 보고 개념 잡는 초등

첫 글쓰기

이재승, 공은혜 지음

차례

글쓰기 단원 1

한 문장 쓰기

1단원
문장 만들기
9쪽

2단원
문장 자세하게 쓰기
23쪽

3단원
문장 다양하게 표현하기
35쪽

글쓰기 단원 2

두 문장 쓰기

1단원
문장과 문장 이어 쓰기
47쪽

2단원
이유와 결과가 드러나게 문장 이어 쓰기
59쪽

글쓰기 단원 3

실전 글쓰기

1단원
경험한 일 쓰기
69쪽

4단원
이야기 쓰기
101쪽

2단원
대상에 대해 쓰기
83쪽

초등 첫 글쓰기 예시 답안
117쪽

3단원
주장과 이유 쓰기
93쪽

부모님 가이드

글쓰기는 왜 중요할까요?

아이가 글을 잘 쓰기를 바라는 건 많은 부모님의 공통된 희망입니다.

비단 부모가 아니더라도 대부분의 사람들은 글을 잘 쓰는 사람을 동경하고, 그렇게 되고 싶어 합니다. 그 이유는 무엇일까요? 바로 글은 그 사람의 삶을 오롯이 담아 드러내 주는 그릇이기 때문입니다.

✅ 의사소통의 기본 활동

글쓰기는 의사소통의 기본적인 활동입니다. 아이들은 스스로 잘 인식하지 못하지만 언제나 글을 쓰며 살아갑니다. 친구에게 편지를 쓰기도 하고, 학교에서 반성문을 쓰기도 합니다. 이처럼 글을 통해 자신의 생각과 감정을 드러내고, 또 타인의 글을 읽으며 타인을 이해하는 것은 사회성을 기르고, 나아가 행복한 삶을 살 수 있는 밑거름이 됩니다.

✅ 사고력 개발을 위한 핵심 활동

우리는 글을 읽으며 글쓴이의 생각이나 느낌뿐 아니라, 그것을 언어로 표현하는 방식을 통해 그 사람의 사고 수준까지도 짐작할 수 있습니다. 그렇기 때문에 많은 입시나 채용에서 지원자를 평가할 때 글을 써 보라고 합니다.

처음부터 글을 잘 쓰는 사람은 없습니다. 반복적인 글쓰기를 통해 쓰는 능력을 개발하고 다듬어 나가는 것이지요. 우리 아이들도 다양한 글쓰기를 통해 창의적이고 논리적인 사고력을 기르고 다듬어 나갈 수 있습니다.

✅ 모든 학습의 기초 수단

국어 공부를 잘하는 아이가 다른 공부도 잘한다는 말이 있습니다. 언어를 다루는 것은 모든 학습의 기본이 되기 때문입니다. 아이들은 수업 시간에 필기를 많이 합니다. 그러나 이해도는 저마다 다르지요. 글을 잘 쓴다는 것은 이해한 것을 체계적으로 풀어낸다는 것과 같습니다.

✅ 정서 함양을 위한 활동

아이들은 글을 쓰며 마음속의 생각과 감정을 녹여 냅니다. 때로는 응어리진 무언가를 꺼내 놓기도 하지요. 글쓰기는 누군가를 위해서만 하는 것은 아닙니다. 아이들은 글을 쓰며 다양한 감정을 경험하고 치유하기도 합니다.

글쓰기는 어떻게 가르칠까요?

많은 아이들이 글쓰기를 싫어합니다. 초등학교에 들어가면 이런 경향은 더욱 뚜렷하게 나타납니다. 글쓰기를 즐겨 하는 아이와 싫어하는 아이의 격차는 학년이 올라갈수록 더욱 커져 그 차이를 좁히기 어려워지지요. 아이가 제대로 된 글쓰기를 처음 접하고 시작하는 바로 지금이, 글쓰기 교육에서 가장 중요한 첫 단추를 끼우는 순간이 될 것입니다.

✅ 글쓰기의 시작은 문장부터

글은 여러 문장이 모여 있는 덩어리입니다. 그래서 글쓰기의 시작은 문장을 아는 것에서부터 출발합니다. 처음부터 긴 글을 쓰는 것은 아이에게 부담을 줄 수 있습니다.
이 책에서는 하나의 문장을 구성하고, 여러 문장들을 연결하는 연습을 할 수 있도록 구성하였습니다. 나아가 생생하고 분명하게 생각을 표현할 수 있도록 구체적인 문장 쓰기의 다양한 방법을 제시하였습니다. 이렇게 길러진 문장 구성력과 표현력은 좋은 글쓰기를 위한 탄탄한 토대가 될 것입니다.

✅ 글쓰기의 결과보다는 과정을

글쓰기 교육의 목적은 좋은 글을 쓰는 것이지만 '완성된 글'이라는 결과 자체를 지나치게 강조하면 글을 어떻게 쓰는지에 관한 과정을 놓칠 수 있습니다. 글을 잘 쓰기 위해서 아이들은 한 편의 글을 쓰는 과정과 방법을 배울 필요가 있습니다. 예를 들면, 주제를 어떻게 떠올리는지, 떠올린 생각을 어떻게 조직해야 하는지, 문장을 어떻게 배열하는지 등의 쓰기 전략을 익혀야 합니다.
따라서 아이들이 최종적으로 쓴 글만을 읽어 보지 말고, 아이디어 떠올리기 단계부터 그 글을 어떤 과정을 거쳐 썼는지까지 함께 되짚는 것이 중요합니다. 글쓰기 실력을 향상시키려면 아이가 어떤 부분에서 어려움을 겪는지를 파악하는 것이 우선입니다.

✅ 글의 외적인 면을 강조하기보다는 내용 위주로

아이들이 글쓰기를 싫어하는 이유 중에 하나는 외적인 요구 조건이 너무 많다는 것입니다. 몇 줄 이상 써야 한다거나, 글씨를 바르게 써야 한다거나, 맞춤법을 잘 지켜 써야 한다는 조건 등은 아이들에게 많은 부담과 피로를 줍니다. 아이들에게 무엇보다 중요한 것은 '어떤 내용의 글을 썼는가'가 되어야 합니다. 이 책에 나오는 다양한 글쓰기의 경우에도 주어진 틀은 하나의 예시일 뿐입니다. 아이가 쓰고 싶은 생각을 거침없이 드러낼 수 있도록 허용하는 분위기를 조성해 주고 주어진 쓰기 주제나 줄 수에 지나치게 얽매이지 않도록 해 주세요.

✅ 글의 제재가 될 수 있는 풍부한 경험의 중요성

아이들이 글을 쓸 때 가장 많이 하는 고민은 '쓸 것이 없다'는 것입니다. 그러나 한 줄의 일기를 쓰는 것조차 어려워하는 아이들도 놀이공원에 다녀온 날은 공책 한 쪽을 가득 채워 글을 씁니다. 쓸 것이 많다고 생각되면 아이들은 글을 쓰고 싶어 하고, 쉽게 쓰기를 시작합니다. 살아 있는 글쓰기가 될 수 있도록 글을 쓰기 전에 먼저 아이들이 다양하고 풍부한 경험을 할 수 있는 환경을 만들어 주세요. 독서를 통한 경험도 아이들에게는 큰 배경지식이 됩니다.

초등 글쓰기는 평생의 글쓰기를 좌우하는 중요한 시작입니다. 누군가 강요하여 쓰는 글은 힘들고 지루한 숙제가 되지만 쓰고 싶어서 쓰는 글은 즐거운 놀이가 됩니다. 글쓰기를 통해 기쁨을 느끼고 성공을 경험할 때, 아이들은 누가 시키지 않아도 스스로 연필을 들고 글쓰기를 시작할 것입니다.

이 책의 활용법

차례차례 따라 하면 초등 첫 글쓰기 백 점!

1. 글쓰기의 기본을 익혀요!
- 글쓰기의 시작인 문장 만들기부터 문장 이어 쓰기, 문장 다양하게 표현하기 등을 익히며 탄탄하게 문장력을 다지고 표현력을 기릅니다.
- 한 문장 쓰기 → 두 문장 쓰기 → 실전 글쓰기 과정으로 차근차근 문장의 수를 늘려 가며 스스로 글을 쓸 수 있는 힘을 기릅니다.

한 문장 쓰기
문장을 만드는 요소를 익히고 문장을 만듭니다.

두 문장 쓰기
문장과 문장을 연결해서 쓰는 연습을 합니다.

실전 글쓰기
생생하고 분명하게 생각을 표현하는 글쓰기를 합니다.

2. 초등 교과에서 배우는 다양한 글쓰기 주제를 직접 써 봐요!
- 경험한 일 쓰기, 대상에 대해 쓰기, 주장과 이유 쓰기, 이야기 쓰기 등 다양한 주제의 글을 본격적으로 써 봅니다.

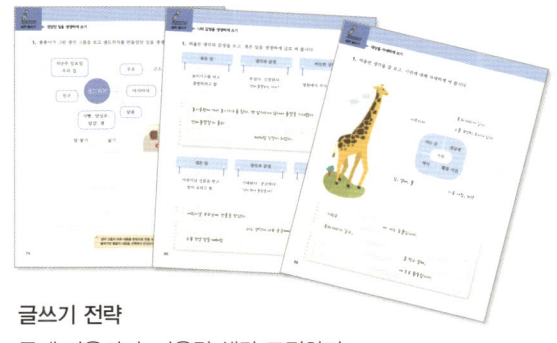
글쓰기 전략
주제 떠올리기, 떠올린 생각 조직하기, 문장 배열하기 등 구체적인 글쓰기 전략을 익힙니다.

글쓰기 단원 1

한 문장 쓰기

1단원 문장 만들기
2단원 문장 자세하게 쓰기
3단원 문장 다양하게 표현하기

1단원

문장 만들기

생각이나 감정을 표현할 때 내용을 제대로 전달할 수 있는 최소의 단위를 문장이라고 해요. 빵을 만들려면 밀가루, 달걀, 물이 필요한 것처럼 문장이 되려면 주어, 서술어, 목적어, 보어가 필요해요. 각각의 문장 요소에 대해 알아보고, 문장을 만들어 봅시다.

 자기 주도 학습 계획표

학습일	쪽	학습 내용	공부한 날	확인
1일차	10~11	주어 넣어 문장 만들기	/	
2일차	12~13	서술어 알기, '어찌하다' 서술어 넣어 문장 만들기	/	
3일차	14~15	'어떠하다', '무엇이다' 서술어 넣어 문장 만들기	/	
4일차	16~17	목적어 넣어 문장 만들기	/	
5일차	18~19	보어 넣어 문장 만들기	/	
6일차	20~22	주어, 서술어, 목적어, 보어로 문장 만들기	/	

한 문장 쓰기   주어 넣어 문장 만들기

★ 만화를 보고 다음 물음에 답해 봅시다.

1. **누가** 야구공을 쳤나요?

2. 야구공이 날아가 **무엇이** 깨졌나요?

3. 문장 속에는 '누가', '무엇이'를 나타내는 말이 있어요. 이런 말을 '주어'라고 해요. 문장을 만들 때 필요하지요.

동동이가	야구공을 쳤습니다.
유리창이	깨졌습니다.

누가 어떤 행동을 하는지, 무엇이 어떤 상태에 있는지 써야 분명한 문장이 돼요. 주어는 대개 '~이', '~가', '~은', '~는'이 붙어요.

4. 빈칸에 알맞은 주어를 써넣어 문장을 완성해 봅시다.

물을 먹는다.

상자 안에 들어 있다.

거미줄에 있다.

빨간색이다.

5. 문장에서 '누가', '무엇이'에 해당하는 말을 찾아 ○표를 해 봅시다.

- 나는 엄마의 일을 도와 드렸다.
- 꽃이 예쁘게 피었다.
- 강아지가 낮잠을 잔다.

한 문장 쓰기 — 서술어 넣어 문장 만들기

★ 만화를 보고 다음 물음에 답해 봅시다.

1. 동동이는 어제 무엇을 했나요?

2. 상상이는 공놀이가 어떻다고 했나요?

3. 동동이의 꿈은 무엇인가요?

4. 문장 속에는 주어가 '어찌하는지', '어떠한지', '무엇인지'를 나타내는 말이 있어요. 이런 말을 '서술어'라고 해요. 문장을 만들 때 필요하지요.

동동이는 책을	읽었습니다.
상상이는 공놀이가	재미있습니다.
동동이의 꿈은	작가입니다.

서술어는 주어의 움직임이나 상태, 성질 등을 나타내요. '~하다', '~(이)다'와 같은 모양을 하고 있어요.

한 문장 쓰기　'어찌하다' 서술어 넣어 문장 만들기

계획한 날　　/　　　공부한 날　　/

1. 주어의 움직임을 나타내는 서술어를 모두 찾아 색칠해 봅시다.

| 뛰다 | 높다 | 반장이다 |
| 예쁘다 | 먹다 | 노랗다 |

2. 보기 에서 알맞은 서술어를 골라 빈칸에 써 봅시다.

보기　쓴다　든다　달린다　뜯는다

수진이가 모자를 　　　　　　.

호랑이가 빠르게 　　　　　　.

수호가 의자를 　　　　　　.

영아가 휴지를 　　　　　　.

한 문장 쓰기 — '어떠하다' 서술어 넣어 문장 만들기

1. 주어의 상태나 성질을 나타내는 서술어를 모두 찾아 색칠해 봅시다.

장난감이다 걷다 파랗다

착하다 공부하다 가다

2. 보기에서 알맞은 서술어를 골라 빈칸에 써 봅시다.

보기: 깨끗하다   크다   무겁다   맵다

수박은 귤보다   .

수진이는 키가   .

청소를 했더니 방이   .

떡볶이가   .

'무엇이다' 서술어 넣어 문장 만들기

1. 어울리는 서술어를 연결하여 문장을 완성해 봅시다.

연필은 • • 내일이다.

무궁화는 • • 내 동생이다.

영수는 • • 학용품이다.

내 생일은 • • 꽃이다.

내 특기는 • • 도서관이다.

저 건물은 • • 달리기이다.

2. 빈칸에 알맞은 서술어를 써넣어 문장을 완성해 봅시다.

내가 좋아하는 채소는 _____.

내 취미는 _____.

한 문장 쓰기 **목적어 넣어 문장 만들기**

★ 만화를 보고 다음 물음에 답해 봅시다.

1. 상상이는 무엇을 좋아하나요?

_____

2. 동동이는 무엇을 먹고 있나요?

_____

3. 문장 속에는 '무엇을'에 해당하는 말이 있어요. 이런 말을 '목적어'라고 해요. 문장을 만들 때 필요하지요.

| 상상이는 | 만두를 | 좋아합니다. |
| 동동이는 | 초밥을 | 먹습니다. |

목적어는 서술어가 나타내는 동작이나 행위의 대상을 알려 주는 말이에요. '~을', '~를'이 붙어요.

4. 빈칸에 알맞은 목적어를 써넣어 문장을 완성해 봅시다.

강원이가 _____ 먹는다.

친구끼리 _____ 잡았다.

정인이가 _____ 읽는다.

재욱이가 _____ 던졌다.

5. 문장에서 '무엇을'에 해당하는 말을 찾아 ○표를 해 봅시다.

- 주형이가 자전거를 탄다.
- 내 친구는 김치를 좋아한다.
- 나는 어제 가족들과 함께 청소를 했다.

한 문장 쓰기 | 보어 넣어 문장 만들기

★ 만화를 보고 다음 물음에 답해 봅시다.

1. 풍풍이는 병아리가 무엇이 아니라고 했나요?

2. 상상이는 병아리가 크면 무엇이 된다고 했나요?

3. 문장 속에는 서술어의 뜻을 보충해 주는 말이 있어요. 이런 말을 '보어'라고 해요. 보어가 꼭 있어야 하는 서술어는 '되다'와 '아니다'뿐이랍니다.

| 병아리는 | 장난감이 | 아닙니다. |
| 병아리가 크면 | 닭이 | 됩니다. |

보어는 '~이', '~가'가 붙어요.

4. 빈칸에 알맞은 보어를 써넣어 문장을 완성해 봅시다.

물이 얼면　　　　　　　된다.

올챙이가 자라면　　　　　　　된다.

　　　　　　　아니어서 건널 수 없다.

머리 위에 있는 건　　　　　　　아니다.

5. 알맞은 말을 골라 바른 문장을 만들어 봅시다.

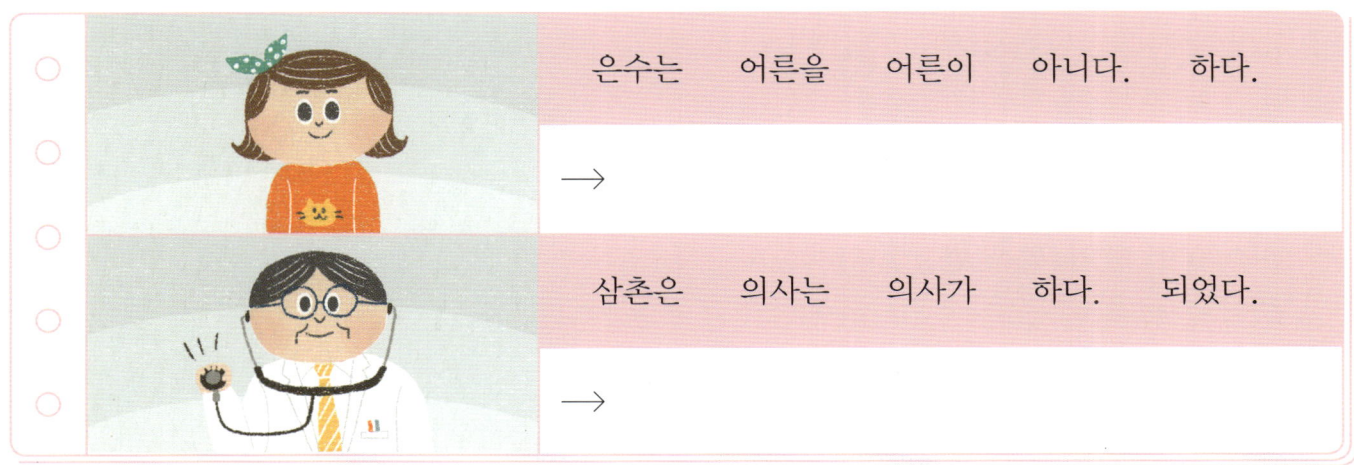

한 문장 쓰기 — 주어, 서술어, 목적어, 보어로 문장 만들기

1. 주머니에서 알맞은 말을 골라 문장을 완성해 봅시다.

2. 다음 문장에서 틀린 부분을 찾아 ×표를 하고, 바르게 고쳐 써 봅시다.

1) 책상에 연필을 있습니다. → _____

2) 나는 공놀이가 좋아합니다. → _____

3) 공주는 자라서 여왕을 되었습니다. → _____

4) 내가 좋아하는 음식을 피자입니다. → _____

20

3. 보기 처럼 주어에 ○표, 목적어에 △표, 서술어에 □표를 해 봅시다.

보기 나는 밥을 먹는다.

- 고양이가 달린다.
- 고양이는 회색이다.

- 영호는 안경을 썼다.
- 영호는 남자다.

4. 3번에서 그린 모양에 맞게 보기 에서 알맞은 말을 골라 문장을 완성해 봅시다.

| 보기 | 나는　　연필을　　장난꾸러기이다　　마신다　　빌려주었다　　발을 |

○ △ □ → 동생은 **발을** 뻗었다.

○ □ → 진호는 _____.

○ △ □ → _____ 우유를 _____.

○ △ □ → 친구가 _____.

한 문장 쓰기 　　주어, 서술어, 목적어, 보어로 문장 만들기

5. 그림에 알맞은 말을 써넣어 이야기를 완성해 봅시다.

오늘은 여우의 생일입니다.

여우는 _____ 되었습니다.

너구리는 피아노를 _____.

호랑이가 _____ _____.

토끼는 _____ 마십니다.

여우와 동물 친구들은 모두 즐거웠습니다.

초가 몇 개인지, 어떤 행동을 하고 있는지, 동물들의 표정은 어떤지 그림을 잘 관찰하고, 앞에서 배운 주어, 서술어, 목적어, 보어를 사용해 문장을 써 봅니다.

2단원

문장 자세하게 쓰기

피자에 여러 가지 토핑을 얹는 것처럼 문장도 여러 가지 말을 넣어 자세하게 쓸 수 있어요. '아기 하마가 걷는 모습이 귀엽다.'보다 '자그마한 아기 하마가 뒤뚱뒤뚱 걷는 모습이 귀엽다.'라고 쓰면 문장이 구체적이고 실감 나게 변하지요. '언제', '어떤' 등을 사용하여 문장을 자세하게 쓰는 방법에 대해 알아봅시다.

 자기 주도 학습 계획표

학습일	쪽	학습 내용	공부한 날	확인
1일차	24~25	'어디에서? 언제? 어떤?' 넣어 문장 쓰기	/	
2일차	26~27	'누구와? 어떻게? 얼마나?' 넣어 문장 쓰기	/	
3일차	28~29	소리를 흉내 내는 말을 넣어 문장 쓰기	/	
4일차	30~31	모양이나 움직임을 흉내 내는 말을 넣어 문장 쓰기	/	
5일차	32~34	실감 나게 문장 쓰기	/	

한 문장 쓰기 — '어디에서? 언제? 어떤?' 넣어 문장 쓰기

★ 그림을 보고 다음 물음에 답해 봅시다.

나는 공놀이를 했다.

어디에서? 나는 공원에서 공놀이를 했다.

언제? 나는 어제 공원에서 공놀이를 했다.

어떤? 나는 어제 넓은 공원에서 공놀이를 했다.

1. 어디에서 공놀이를 했나요?

_____

2. 언제 공놀이를 했나요?

_____

3. 어떤 공원에서 공놀이를 했나요?

_____ 공원

> 장소와 시간, 꾸며 주는 말 등을 넣어 자세히 쓰면 문장이 구체적으로 표현되고, 문장 길이도 늘어나게 돼요.

4. 보기 에서 장소를 나타내는 말을 골라 문장을 자세하게 써 봅시다.

| 보기 | 책상 위에   가방 안에   수영장에서   바다에서   하늘에서 |

1) 빗방울이 떨어집니다. → 빗방울이 __하늘에서__ 떨어집니다.

2) 연필이 있습니다. → 연필이 _____ 있습니다.

3) 나는 수영을 합니다. → 나는 _____ 수영을 합니다.

5. 보기 에서 때나 시간을 나타내는 말을 골라 문장을 자세하게 써 봅시다.

| 보기 | 오늘   어제   조금 전에   저녁에   비 오는 날에   겨울에 |

1) 눈이 많이 옵니다. → _____ 눈이 많이 옵니다.

2) 나는 늦잠을 잤습니다. → 나는 _____ 늦잠을 잤습니다.

3) 철수는 학교에 갔습니다. → 철수는 _____ 학교에 갔습니다.

6. 보기 에서 대상을 꾸며 주는 말을 골라 문장을 자세하게 써 봅시다.

| 보기 | 예쁜   더러운   좁은   넓은   재미있는   무서운 |

1) 나는 방을 청소했습니다. → 나는 _____ 방을 청소했습니다.

2) 화단에 꽃이 피었습니다. → 화단에 _____ 꽃이 피었습니다.

3) 나는 놀이기구를 탔습니다. → 나는 _____ 놀이기구를 탔습니다.

한 문장 쓰기   '누구와? 어떻게? 얼마나?' 넣어 문장 쓰기

★ 그림을 보고 다음 물음에 답해 봅시다.

누구와?	나는 어제 넓은 공원에서 아빠와 공놀이를 했다.
어떻게?	나는 어제 넓은 공원에서 아빠와 신나게 공놀이를 했다.
얼마나?	나는 어제 넓은 공원에서 아빠와 아주 신나게 공놀이를 했다.

1. 누구와 공놀이를 했나요?

2. 어떻게 공놀이를 했나요?

3. 얼마나 신나게 공놀이를 했나요?

26

4. 보기 에서 행동을 함께한 대상을 골라 문장을 자세하게 써 봅시다.

| 보기 | 부모님과　　친구와　　동생과　　강아지와　　수민이랑 |

1) 나는 노래를 했습니다. → 나는 _____ 노래를 했습니다.

2) 나는 산책을 했습니다. → 나는 _____ 산책을 했습니다.

3) 영철이는 달리기를 했습니다. → 영철이는 _____ 달리기를 했습니다.

5. 보기 에서 행동을 꾸며 주는 말을 골라 문장을 자세하게 써 봅시다.

| 보기 | 신나게　　우렁차게　　즐겁게　　슬프게　　높게　　빠르게 |

1) 호랑이가 달려갑니다. → 호랑이가 _____ 달려갑니다.

2) 나는 노래를 불렀습니다. → 나는 _____ 노래를 불렀습니다.

3) 동생이 울고 있습니다. → 동생이 _____ 울고 있습니다.

6. 보기 에서 정도를 나타내는 말을 골라 문장을 자세하게 써 봅시다.

| 보기 | 아주　　굉장히　　정말　　조금　　약간　　매우 |

1) 형이 공을 높게 던졌습니다. → 형이 공을 _____ 높게 던졌습니다.

2) 나는 인형을 좋아합니다. → 나는 인형을 _____ 좋아합니다.

3) 이 고추는 맵습니다. → 이 고추는 _____ 맵습니다.

한 문장 쓰기 | 소리를 흉내 내는 말을 넣어 문장 쓰기

1. 보기 에서 소리를 흉내 내는 말을 골라 빈 곳에 써 봅시다.

| 보기 | 쨍그랑 댕댕 둥둥 찰칵 멍멍 꼬끼오 야옹 꿀꿀 |

소리를 흉내 내는 말은 '의성어'라고 해요. 소리를 흉내 내는 말을 사용하면 더 실감 나고 재미있는 문장을 쓸 수 있어요.

2. 그림에 어울리는 소리를 흉내 내는 말을 골라 ○표를 해 봅시다.

| 어흥 | 찍찍 |

| 후루룩 | 철썩철썩 |

| 또각또각 | 통통 |

3. 소리를 흉내 내는 말을 넣어 문장을 완성해 봅시다.

연필이 _____ 굴러가요.

배가 고파서 _____ 소리가 나요.

_____ 물장구를 쳐요.

손뼉을 _____ 쳐요.

한 문장 쓰기 | 모양이나 움직임을 흉내 내는 말을 넣어 문장 쓰기

1. 보기 에서 모양이나 움직임을 흉내 내는 말을 골라 빈 곳에 써 봅시다.

| 보기 | 주렁주렁 | 둥둥 | 들썩들썩 | 성큼성큼 | 갸우뚱 | 엉금엉금 |

모양이나 움직임을 흉내 내는 말은 '의태어'라고 해요. 모양이나 움직임을 흉내 내는 말을 사용하면 더 실감 나고 재미있는 문장을 쓸 수 있어요.

2. 어떤 그림을 흉내 내는 말인지 선으로 이어 봅시다.

| 빙글빙글 | 깡충깡충 | 아장아장 | 반짝반짝 |

3. 모양이나 움직임을 흉내 내는 말을 넣어 문장을 완성해 봅시다.

	추워서 몸이 _____ 떨려요.
	고개를 _____ 흔들어요.
	단풍나무가 _____ 물들었어요.
	김이 _____ 올라와요.

한 문장 쓰기 > 실감 나게 문장 쓰기

1. 그림을 보고 빈칸에 알맞은 말을 넣어 문장을 점점 더 실감 나게 써 봅시다.

강아지가 뛰어갑니다.

강아지가 _____ 뛰어갑니다.
　　　　　어디로

강아지가 _____ _____ 뛰어갑니다.
　　　　　누구와　　어디로

나는 책을 봅니다.

나는 _____ 책을 봅니다.
　　　어디에서

나는 _____ _____ 책을 봅니다.
　　　언제　　어디에서

2. 빈칸에 흉내 내는 말을 넣어 글을 더 실감 나게 완성해 봅시다.

가족과 숲으로 나들이를 갔다. 바람이 _____ 불었다.

나무에는 열매가 _____ 열려 있었다.

아빠는 피곤한지 _____ 코를 골며 주무셨다.

물 위에 오리가 _____ 떠다녔다.

그걸 보고 바둑이가 _____ 짖었다.

한 문장 쓰기 — 실감 나게 문장 쓰기

3. 보기 에서 알맞은 말을 골라 글을 더 실감 나게 완성해 봅시다.

| 보기 | 지난주에　　두둥실　　아버지와　　신나게　　넓은　　뻘뻘 |

나는 _____ 할머니 댁에 갔다.

할머니 댁에는 _____ 마당이 있다.

나는 아버지와 함께 마당에서 _____ 제기차기를 했다.

땀이 _____ 나도록 놀았다.

놀다 보니 어느덧 밤이 되어 달이 _____ 떴다.

3단원

문장 다양하게 표현하기

나의 생각과 느낌을 어떻게 문장으로 다양하게 표현할 수 있을까요? 빗대어 표현하기, 색이나 감정을 나타내는 말을 넣어 쓰기를 통해 문장을 다양하게 표현하는 방법에 대해 알아봅시다.

 자기 주도 학습 계획표

학습일	쪽	학습 내용	공부한 날	확인
1일차	36~37	빗대어 표현하기	/	
2일차	38~39	빗대어 표현하는 문장 쓰기	/	
3일차	40~41	색을 나타내는 말을 넣어 문장 쓰기	/	
4일차	42~43	감정을 나타내는 말을 넣어 문장 쓰기	/	
5일차	44~45	색이나 감정을 나타내는 말을 넣어 문장 쓰기	/	

한 문장 쓰기 ▶ 빗대어 표현하기

★ 다음 글을 읽고 물음에 답해 봅시다.

나와 내 친구는 바늘과 실이다.
언제나 함께 다니며 어울린다.
오늘은 신나게 공놀이를 했다.
힘껏 달리고 나자 친구의 볼이
단풍잎처럼 빨갛게 물들었다.

1. 나와 내 친구를 무엇이라고 하였나요?

_____

2. 친구의 볼이 무엇 같다고 하였나요?

_____

3. 서로 닮은 점이 무엇인지 빈 곳에 써 봅시다.

| 나와 친구 | | → | | 친구의 볼 | | → | |
| 바늘과 실 | | | | 단풍잎 | | | |

어떤 것을 다른 것에 빗대어 표현하면 눈에 보이듯 생생하게 나타낼 수 있어요.

4. 보기 에서 빗대어 표현할 대상을 골라 빈 곳에 써 봅시다.

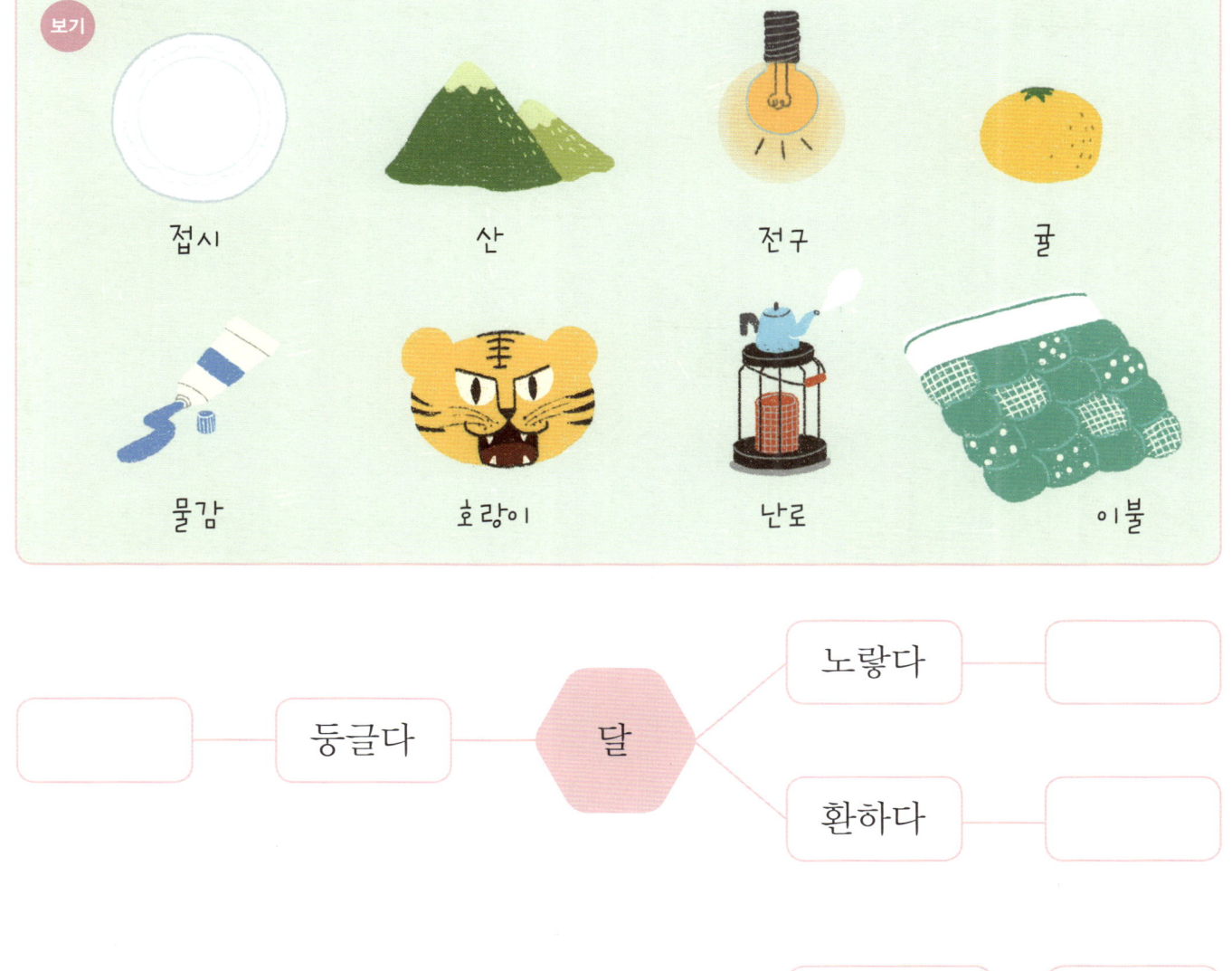

한 문장 쓰기 ▶ 빗대어 표현하는 문장 쓰기

1. 보기 처럼 빗대어 표현하는 문장을 만들어 봅시다.

보기 하늘에 구름이 있다.
↳ 하얗다 — 도화지

→ 하늘에 <u>하얀</u> <u>도화지</u> 같은 구름이 있다.

→ 하늘에 <u>도화지</u> 처럼 <u>하얀</u> 구름이 있다.

산속에 냇물이 흐른다.
↳ 차갑다 — 얼음

→ 산속에 _____ 같은 냇물이 흐른다.

→ 산속에 _____ 처럼 _____ 냇물이 흐른다.

내 동생은 똑똑하다.
↳ 컴퓨터

→ 내 동생은 _____ 같다.

→ 내 동생은 _____ 처럼 _____ .

> 빗대어 표현할 때는 '~처럼', '같은', '~은 ~같다' 따위의 말을 사용할 수 있어요.

2. 두 그림을 보고 빗대어 표현하는 문장을 만들어 봅시다.

→

→

→

한 문장 쓰기   색을 나타내는 말을 넣어 문장 쓰기

1. 다음 글을 읽고 색을 나타내는 말을 모두 찾아 ○표를 해 봅시다.

파란 하늘에 새빨간 태양이 이글거리는 오후, 공원으로 나들이를 갔다. 노란 민들레와 초록빛 새싹이 눈을 즐겁게 해 주었다. 얼마나 신나게 놀았는지 운동화에 새까만 흙이 덕지덕지 묻었다.

2. 어떤 색을 나타내는 말인지 선으로 이어 봅시다.

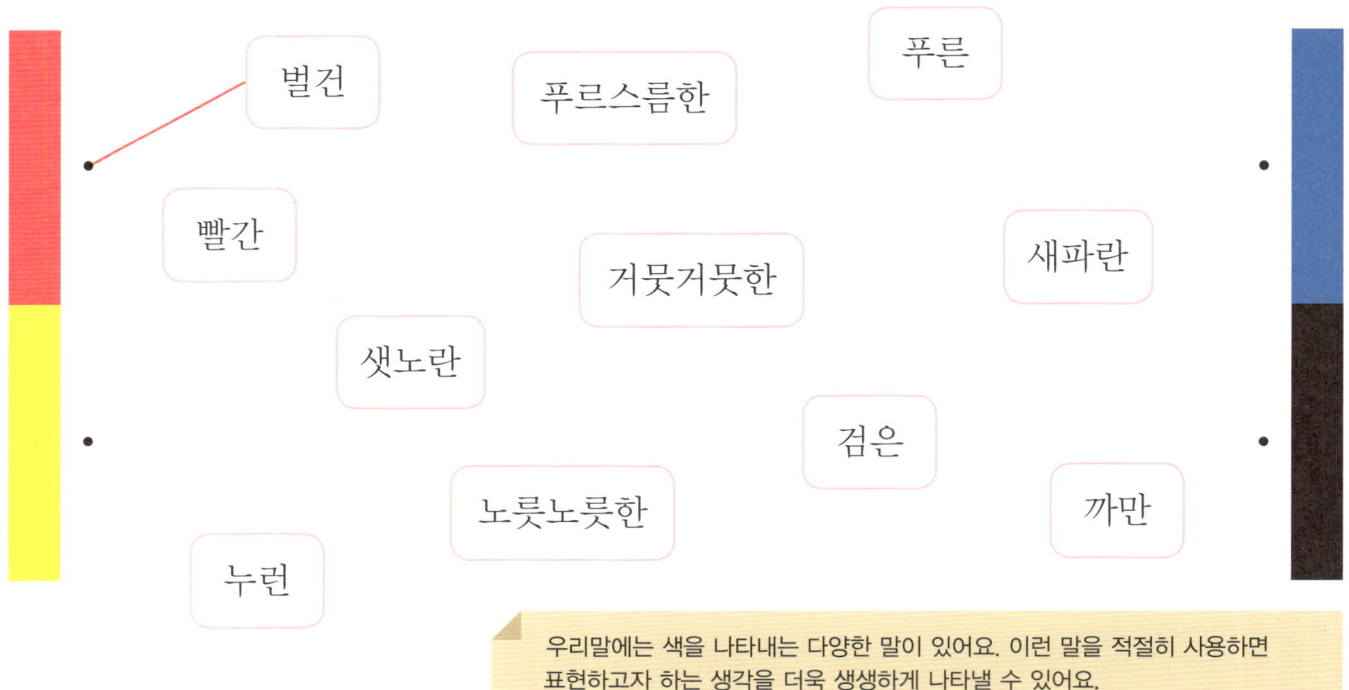

우리말에는 색을 나타내는 다양한 말이 있어요. 이런 말을 적절히 사용하면 표현하고자 하는 생각을 더욱 생생하게 나타낼 수 있어요.

3. 보기 에서 어울리는 색을 나타내는 말을 골라 문장을 완성해 봅시다.

| 보기 | 샛노란 | 새까맣게 | 시퍼런 |

넘어져서 _____ 멍이 들었다.

_____ 병아리가 태어났다.

음식을 _____ 태웠다.

4. 보기 에서 표현에 어울리는 색을 나타내는 말을 골라 문장을 완성해 봅시다.

| 보기 | 노랗다 | 새빨간 | 까맣게 |

1) 그 아이가 한 말은 _____ 거짓말이었다.

2) 오늘 할 일을 _____ 잊었다.

3) 너무 힘들어서 하늘이 _____.

> 색을 나타내는 말이 다른 의미로 쓰일 때도 있어요. 이런 말들은 속담처럼 굳어져서 쓰여요.

한 문장 쓰기 | 감정을 나타내는 말을 넣어 문장 쓰기

1. 다음 글을 읽고 나의 감정을 나타내는 말을 모두 찾아 ○표를 해 봅시다.

오늘은 내 생일이다. 아침부터 설레었다.
하나둘 생일잔치에 초대한 친구들이 도착했다. 그런데 나랑 가장 친한 친구가
오지 않아서 울적했다. 그래도 친구들이 나와 엄마가 준비한 음식을 맛있게 먹어서 뿌듯했다.

2. 다음 표정을 보고 감정을 나타내는 낱말들을 써 봅시다.

설레다,

울적하다,

> 감정을 나타내는 다양한 말이 있어요. 단순히 '좋았다', '싫었다'라고 쓰기보다는
> 감정을 나타내는 말을 적절히 사용해 실감 나게 나타내는 게 좋답니다.

3. 다음 상황에 어울리는 표정을 그리고, 감정을 다양하게 표현해 봅시다.

친하게 지내던 친구가 멀리 이사를 간다.

- 친구와 헤어져 섭섭하다.
- 못 만난다니 슬프다.
-

집에 늦게 들어가서 엄마에게 혼이 났다.
친구가 다쳐서 도와주느라 늦은 건데 엄마가 화부터 내신다.

-
-
-

내가 항상 가지고 싶었던 동화책을 선물로 받았다.

-
-
-

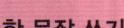

한 문장 쓰기 　　색이나 감정을 나타내는 말을 넣어 문장 쓰기

1. 보기에서 색을 나타내는 말을 골라 문장을 만들어 봅시다.

> 보기 　　새파란　　　노릇노릇한　　　새하얀　　　벌겋게

1) 많은 사람 앞에 서니 얼굴이 _____ 되었다.

2) 엄마가 _____ 부침개를 만들어 주셨다.

3) _____

2. 보기에서 감정을 나타내는 말을 골라 문장을 만들어 봅시다.

> 보기 　　억울하다　　　아쉽다　　　괴롭다　　　후련하다

체험 학습을 못 가게 되어 _____.

숙제를 끝마치니 마음이 _____.

_____

3. 보기 에서 그림에 어울리는 말을 골라 글을 완성해 봅시다.

보기   호랑이   화가 나서   벌겋게   조마조마했다

오늘 영진이가 내 가방에 음료수를 쏟았다.

나는 _____ 얼굴이 _____ 달아올랐다.

게다가 엄마에게 꾸중을 들을까 봐 _____.

우리 엄마는 화가 나면 _____ 처럼 무섭기 때문이다.

글쓰기
단원 2

두 문장 쓰기

1단원 문장과 문장 이어 쓰기
2단원 이유와 결과가 드러나게 문장 이어 쓰기

문장과 문장 이어 쓰기

문장과 문장을 이어 쓸 때는 기차 칸을 연결하는 것처럼 연결 고리가 필요해요. 그리고 두 문장의 내용이 비슷할 때와 반대일 때, 연결 고리가 달라요. 어떻게 자연스럽게 문장을 연결할 수 있을까요? 문장 이어 쓰기에 대해 알아봅시다.

 자기 주도 학습 계획표

학습일	쪽	학습 내용	공부한 날	확인
1일차	48~49	내용이 비슷한 두 문장을 이어 주는 말	/	
2일차	50~51	내용이 비슷한 두 문장 이어 쓰기	/	
3일차	52~53	내용이 반대인 두 문장을 이어 주는 말	/	
4일차	54~55	내용이 반대인 두 문장 이어 쓰기	/	
5일차	56~58	두 문장을 한 문장으로 만들기	/	

두 문장 쓰기 　내용이 비슷한 두 문장을 이어 주는 말

★ 그림을 보고 내용이 비슷한 두 문장 이어 쓰기에 대해 알아봅시다.

1. '그리고', '또'와 같은 이어 주는 말을 사용하면 비슷한 의미의 문장들을 연결할 수 있어요. 이어 주는 말을 넣어 두 문장을 연결해서 읽어 봅시다.

| 동동이는 놀이공원에 가서 놀이기구를 탔습니다. | 그리고 / 또 | 맛있는 핫도그를 먹었습니다. |

이어 주는 말을 사용하면 문장들의 관계를 잘 나타낼 수 있어요.

2. 두 문장이 바르게 연결되도록 선으로 이어 봅시다.

| 봄에는 새싹이 돋아납니다. | — 그리고 • | • 여름이 되었습니다. |
| | | • 예쁜 꽃이 피어납니다. |

| 동물원에서 사자를 보았습니다. | — 또 • | • 새에게 먹이를 주었습니다. |
| | | • 사자는 피곤해 보였습니다. |

| 친구의 생일에 축하 편지를 썼습니다. | — 그리고 • | • 선물을 주었습니다. |
| | | • 선물을 주지 못했습니다. |

| 바람이 붑니다. | — 또 • | • 비가 내립니다. |
| | | • 우산이 없습니다. |

두 문장 쓰기 — 내용이 비슷한 두 문장 이어 쓰기

1. 이어 주는 말을 사용하여 내용이 비슷한 두 문장을 이어 써 봅시다.

→ 설날에는 세배를 합니다. 또

→ 친구들과 눈싸움을 했습니다.

→

2. 이어 주는 말을 사용하여 글을 완성해 봅시다.

어제 가족과 함께 공원에 놀러 갔다.

공원에는 운동을 하고 있는 사람들이 있었다. (　　　) 책을 재밌게

읽고 있는 사람도 있었다.

우리 가족은 먼저 돗자리를 펴고 도시락을 먹었다. (　　　)

오래간만에 가족들과 시간을 보내서 즐거웠다.

두 문장 쓰기 — 내용이 반대인 두 문장을 이어 주는 말

★ 만화를 보고 내용이 반대인 두 문장 이어 쓰기에 대해 알아봅시다.

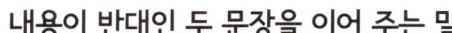

1. '그러나', '하지만', '그렇지만'과 같은 이어 주는 말을 사용하면 반대되는 의미의 문장들을 연결할 수 있어요. 이어 주는 말을 넣어 두 문장을 연결해서 읽어 봅시다.

2. 두 문장이 바르게 연결되도록 선으로 이어 봅시다.

- 아침 날씨가 춥습니다. — 그러나
  - 낮에도 춥습니다.
  - 낮에는 덥습니다.

- 눈사람을 만들었습니다. — 그렇지만
  - 금방 녹아 버렸습니다.
  - 모자도 씌워 주었습니다.

- 오늘은 소풍을 가는 날입니다. — 하지만
  - 매우 즐거웠습니다.
  - 비가 와서 못 갔습니다.

- 현수는 춤을 잘 춥니다. — 그렇지만
  - 노래는 못 부릅니다.
  - 노래도 잘 부릅니다.

두 문장 쓰기 — 내용이 반대인 두 문장 이어 쓰기

1. 이어 주는 말을 사용하여 내용이 반대인 두 문장을 이어 써 봅시다.

→ 나는 친구를 불렀습니다. 하지만

→ 수호는 키가 작습니다.

→

2. 이어 주는 말을 사용하여 여름과 겨울을 비교하는 글을 완성해 봅시다.

여름	겨울

여름과 겨울은 여러 가지가 다릅니다.

여름에는 날씨가 무척 덥습니다. ( ) 겨울은 춥습니다.

겨울에는 쌩쌩 바람이 불고 사람들은 따뜻하게 옷을 입습니다.

여름에는 비가 많이 내립니다. ( )

55

두 문장 쓰기 ▸ 두 문장을 한 문장으로 만들기

1. 연결된 두 문장을 한 문장으로 만들면 간단하고 쉽게 뜻을 전달할 수 있어요.
앞 문장의 서술어와 이어 주는 말을 하나로 연결하면 돼요.

1) 내용이 비슷한 두 문장을 하나로 만들 때는 '~하고'를 사용해요.

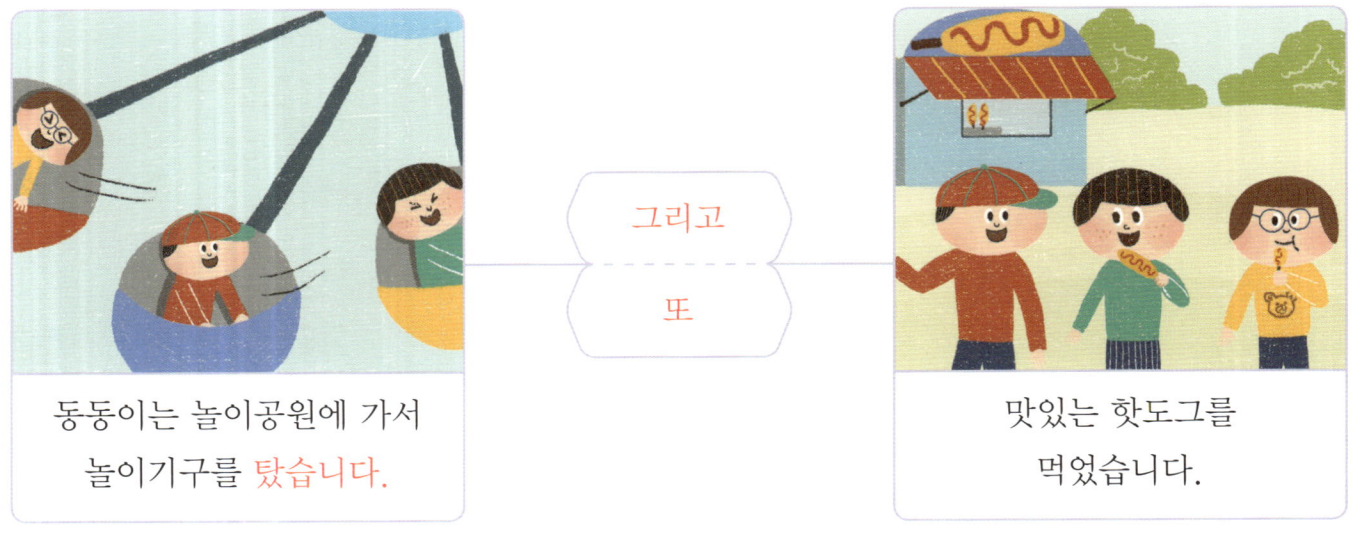

동동이는 놀이공원에 가서 놀이기구를 탔습니다. | 그리고 / 또 | 맛있는 핫도그를 먹었습니다.

→ 동동이는 놀이공원에 가서 놀이기구를 타고 맛있는 핫도그를 먹었습니다.

2) 내용이 반대인 두 문장을 하나로 만들 때는 '~지만'을 사용해요.

동동이는 너무 아팠어요. | 그러나 / 하지만 / 그렇지만 | 꾹 참고 울지 않았습니다.

→ 동동이는 너무 아팠지만 꾹 참고 울지 않았습니다.

2. 두 문장을 한 문장으로 만들어 써 봅시다.

| 나는 과자를 먹었습니다. | 그리고 | 우유를 마셨습니다. |

→ 나는 과자를 _____ 우유를 마셨습니다.

| 나는 골대를 향해 공을 찼습니다. | 그러나 | 공이 들어가지 않았습니다. |

→ 나는 골대를 향해 공을 _____ 공이 들어가지 않았습니다.

| 수아는 밥을 다 먹었습니다. | 그러나 | 혁이는 밥을 다 먹지 못했습니다. |

→ _____

| 나는 야구를 좋아합니다. | 그리고 | 축구도 좋아합니다. |

→ _____

두 문장 쓰기 — 두 문장을 한 문장으로 만들기

3. 보기에서 알맞은 말을 골라 글을 완성해 봅시다.

| 보기 | 좋아하고 좋아하지만 시원하고 시원하지만 깊고 깊지만 |

나는 수영을 _____ 내 동생은 수영을 싫어합니다.

더운 여름에 수영을 하면 정말 _____ 재미도 있습니다.

내 동생은 물이 너무 _____ 무섭다고 합니다.

그래도 내가 가르쳐 주면 열심히 배우는 동생이 귀엽습니다.

2단원

이유와 결과가 드러나게 문장 이어 쓰기

숙제를 못 해서 선생님께 혼났다면, 숙제를 못 한 것이 이유, 혼난 것이 결과가 돼요. 이렇게 이유와 결과가 드러나는 문장은 어떻게 연결해서 쓸 수 있을까요? 이유를 나타내는 문장 이어 쓰기와 결과를 나타내는 문장 이어 쓰기에 대해 알아봅시다.

 자기 주도 학습 계획표

학습일	쪽	학습 내용	공부한 날	확인
1일차	60~61	이유를 나타내는 문장 이어 쓰기	/	
2일차	62~63	결과를 나타내는 문장 이어 쓰기	/	
3일차	64~65	이유와 결과를 나타내는 문장 이어 쓰기	/	
4일차	66~67	두 문장을 한 문장으로 만들기	/	

두 문장 쓰기 — 이유를 나타내는 문장 이어 쓰기

★ 만화를 보고 이유를 나타내는 문장 이어 쓰기에 대해 알아봅시다.

1. 동동이가 운 이유는 무엇인가요?

---

2. 어떤 일이 벌어지게 된 이유를 나타낼 때는 '왜냐하면 ~기 때문이다.'와 같은 말을 사용하여 문장을 연결할 수 있어요. 이어 주는 말을 넣어 두 문장을 읽어 봅시다.

| 동동이는 무척 속상했습니다. | **왜냐하면** | 퐁퐁이가 자꾸 **놀렸기 때문입니다.** |

3. 이어 주는 말을 사용하여 이유를 나타내는 문장을 써 봅시다.

진호는 배탈이 났습니다.

(　　　　) 아이스크림을 너무 많이

먹었기 때문입니다.

수정이는 기분이 무척 좋았습니다.

(　　　　)

(　　　　)

두 문장 쓰기 | 결과를 나타내는 문장 이어 쓰기

★ 만화를 보고 결과를 나타내는 문장 이어 쓰기에 대해 알아봅시다.

1. 어떤 일 때문에 일어난 결과를 나타낼 때는 '그래서'와 같은 말을 사용하여 문장을 연결할 수 있어요. 이어 주는 말을 넣어 두 문장을 읽어 봅시다.

| 퐁퐁이는 동동이에게 사과를 하고 싶었습니다. | — 그래서 — | 편지를 썼습니다. |

| 동동이는 퐁퐁이의 편지를 받았습니다. | — 그래서 — | 기분이 풀렸습니다. |

2. 이어 주는 말을 사용하여 결과를 나타내는 문장을 써 봅시다.

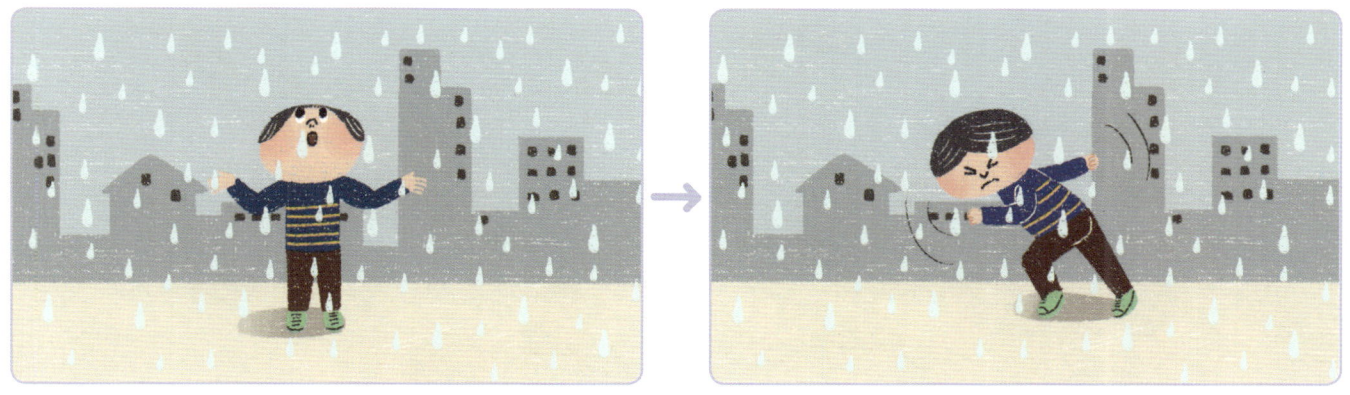

→ 갑자기 비가 내렸습니다. ◯◯◯◯ 달리기 시작했습니다.

→ 달리기 연습을 열심히 했습니다. ◯◯◯◯

→ ◯◯◯◯

두 문장 쓰기 — 이유와 결과를 나타내는 문장 이어 쓰기

1. 이어 주는 말을 사용하여 그림에 어울리는 문장을 두 가지로 만들어 봅시다.

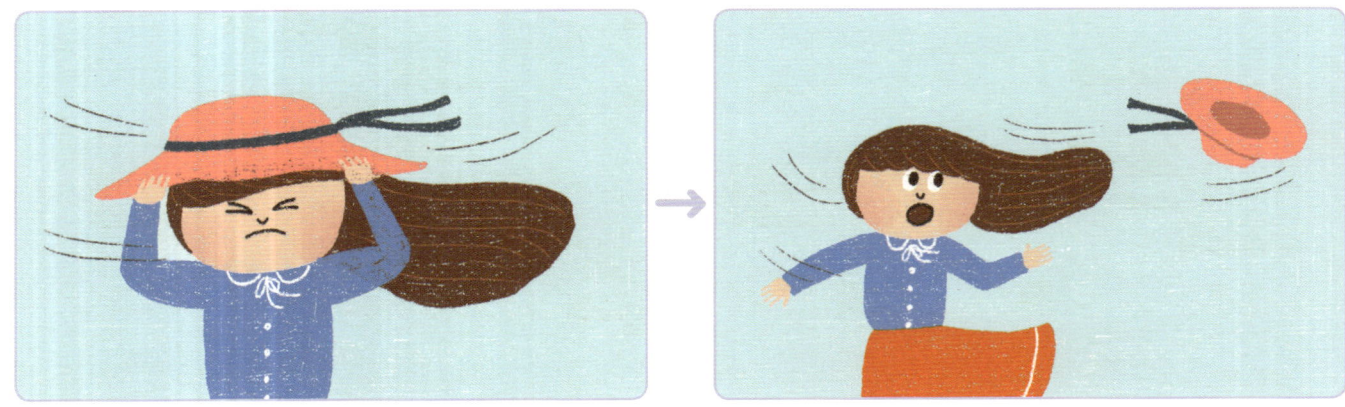

→ 바람이 붑니다. ⬡ 모자가 날아갔습니다.
　　　이유　　　　　　　결과

→ 모자가 날아갑니다. ⬡ 바람이 불기 때문입니다.
　　　결과　　　　　　　　이유

→ 사람들이 함부로 쓰레기를 버렸습니다. ⬡
　　　　　　이유　　　　　　　　　　　　결과

→ 거리에서 냄새가 납니다. ⬡
　　　결과　　　　　　　　　　　이유

64

2. 일이 일어난 순서대로 숫자를 쓰고, 이어 주는 말을 사용하여 글을 완성해 봅시다.

기영이는 숙제를 하지 않고 낮에 실컷 놀았습니다.

( ) 밤늦게까지 숙제를 하느라 고생을 했습니다.

다음 날 기영이는 학교에 지각을 했습니다.

( )

두 문장 쓰기 > 두 문장을 한 문장으로 만들기

1. 이유와 결과로 연결된 두 문장을 한 문장으로 만들 때는 이유를 앞에 쓰고 결과를 뒤에 써요. '~기 때문에', '~여서'와 같은 표현을 사용해요.

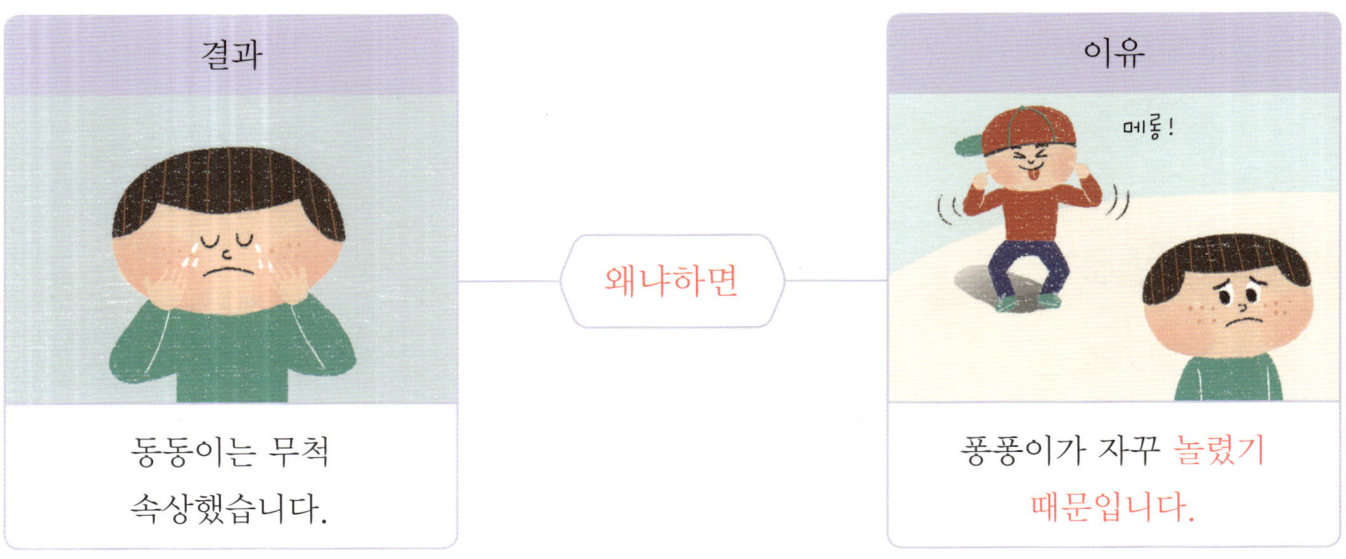

→ 동동이는 풍풍이가 자꾸 놀렸기 때문에 무척 속상했습니다.

→ 동동이는 풍풍이가 자꾸 놀려서 무척 속상했습니다.

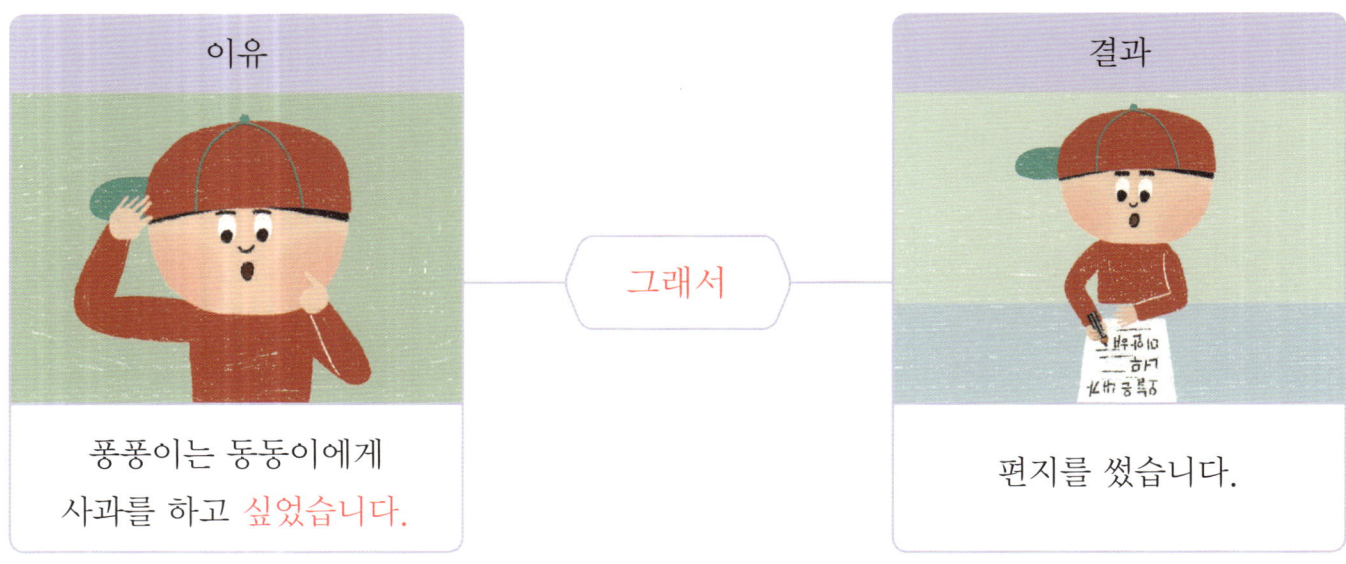

→ 풍풍이는 동동이에게 사과를 하고 싶었기 때문에 편지를 썼습니다.

→ 풍풍이는 동동이에게 사과를 하고 싶어서 편지를 썼습니다.

2. 두 문장을 한 문장으로 만들어 써 봅시다.

| 영호는 걷기가 힘들었습니다. | 왜냐하면 | 다리를 다쳤기 때문입니다. |

→ 영호는 다리를 _____ 걷기가 힘들었습니다.

→ 영호는 다리를 _____ 걷기가 힘들었습니다.

| 식물에 물을 주지 않았습니다. | 그래서 | 식물이 금방 말라 버렸습니다. |

→ 식물에 물을 주지 _____ 식물이 금방 말라 버렸습니다.

→ 식물에 물을 주지 _____ 식물이 금방 말라 버렸습니다.

| 정인이는 눈이 나빠졌습니다. | | 안경을 썼습니다. |

→ _____

→ _____

글쓰기
단원 3

실전 글쓰기

1단원 경험한 일 쓰기
2단원 대상에 대해 쓰기
3단원 주장과 이유 쓰기
4단원 이야기 쓰기

경험한 일 쓰기

놀이공원에 다녀와서 어떤 글을 쓸 수 있을까요? 무엇을 겪었고 어떤 기분이었는지 천천히 떠올려 보세요. 그리고 마치 놀이기구를 타는 것처럼 생생하게 경험을 글로 옮겨 봅시다.

 자기 주도 학습 계획표

학습일	쪽	학습 내용	공부한 날	확인
1일차	70~71	겪었던 일을 떠올리기	/	
2일차	72~73	떠올린 생각을 문장으로 쓰기	/	
3일차	74~75	겪었던 일을 생생하게 쓰기	/	
4일차	76~77	나의 감정을 떠올리기	/	
5일차	78~79	떠올린 감정을 문장으로 쓰기	/	
6일차	80~82	나의 감정을 생생하게 쓰기	/	

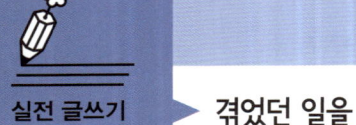

실전 글쓰기   겪었던 일을 떠올리기

★ 퐁퐁이는 가족과 해수욕장에 다녀왔습니다. 어떤 일이 있었을지 생각해 봅시다.

1. 퐁퐁이는 겪었던 일을 두 가지의 글로 써 보았습니다. 어떤 글이 있었던 일을 생생하게 표현하고 있는지 ○표를 해 봅시다.

가	가족과 해수욕장에 갔다. 수영을 했다.
나	지난주에 가족과 해수욕장에 갔다. 처음 바닷물에 들어갔을 땐 물이 정말 차가웠다. 하지만 계속 있다 보니 차갑지 않았다. 그리고 튜브를 타고 오리처럼 둥둥 떠다녔다. 파도가 칠 때마다 울렁거려서 재미있었다.

있었던 일이 머릿속에 그림처럼 잘 그려지는 글이 생생하게 잘 표현한 글이에요.

2. 풍풍이가 글을 쓰기 위해 어떤 생각을 했는지 알아봅시다. 또 어떤 생각을 떠올릴 수 있을지 빈 곳에 자유롭게 써 봅시다.

> 글을 쓰기 전에 무슨 내용을 쓸지 생각하는 시간을 가져 보세요.
> 떠오르는 생각을 계속 이어 나가면서 나만의 생각 그물을 만들 수 있어요.

실전 글쓰기 — 떠올린 생각을 문장으로 쓰기

1. 퐁퐁이가 떠올린 생각을 어떤 문장으로 썼는지 빈 곳에 숫자를 써 봅시다.

- ① 가족 / 지난주 (누구랑 / 언제)
- 해수욕장에 다녀옴 (있었던 일)
- ④ 차갑다 / 파랗다 — 바다
- 물놀이 — ③ 튜브 / ② 파도

문장	번호
지난주에 가족과 해수욕장에 갔다.	①
처음 바닷물에 들어갔을 땐 물이 정말 차가웠다. 하지만 계속 있다 보니 차갑지 않았다.	
그리고 튜브를 타고 오리처럼 둥둥 떠다녔다.	
파도가 칠 때마다 울렁거려서 재미있었다.	

2. 보기 처럼 생각 그물을 보고 문장으로 바꾸어 써 봅시다.

| 떡볶이를 먹었는데 입안이 활활 타올랐다. |
| 불난 것처럼 매웠다. |
| 예전에 고추를 먹었을 때랑 비슷했다. |

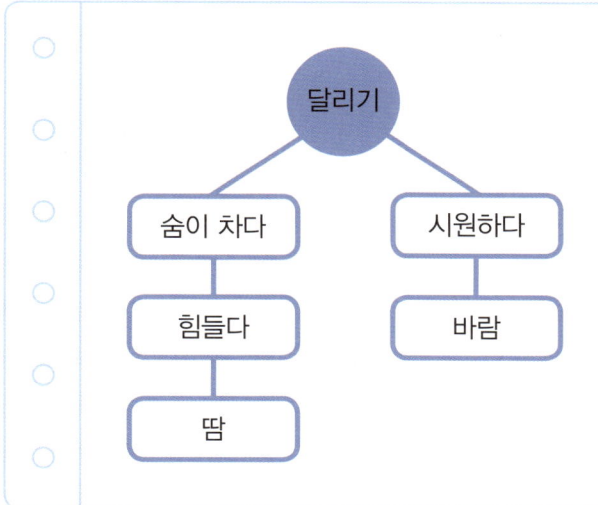

| 달리기를 했다. 숨이 차올라서 힘들었다. |
| 그리고 땀이 많이 났다. |
| 그러나 |

내 생일
- 케이크 — 폭신폭신 — 스펀지
- 선물 — 크리스마스 — 산타 할아버지

73

실전 글쓰기 | 겪었던 일을 생생하게 쓰기

1. 퐁퐁이가 그린 생각 그물을 보고 샌드위치를 만들었던 일을 생생하게 써 봅시다.

생각 그물의 모든 내용을 문장으로 만들 필요는 없어요. 글에 어떤 내용이 들어가면 좋을지 내용을 선택해서 문장으로 만들면 돼요.

2. 내가 만들었던 음식을 떠올리며 생각 그물을 완성하고, 생생하게 써 봅시다.

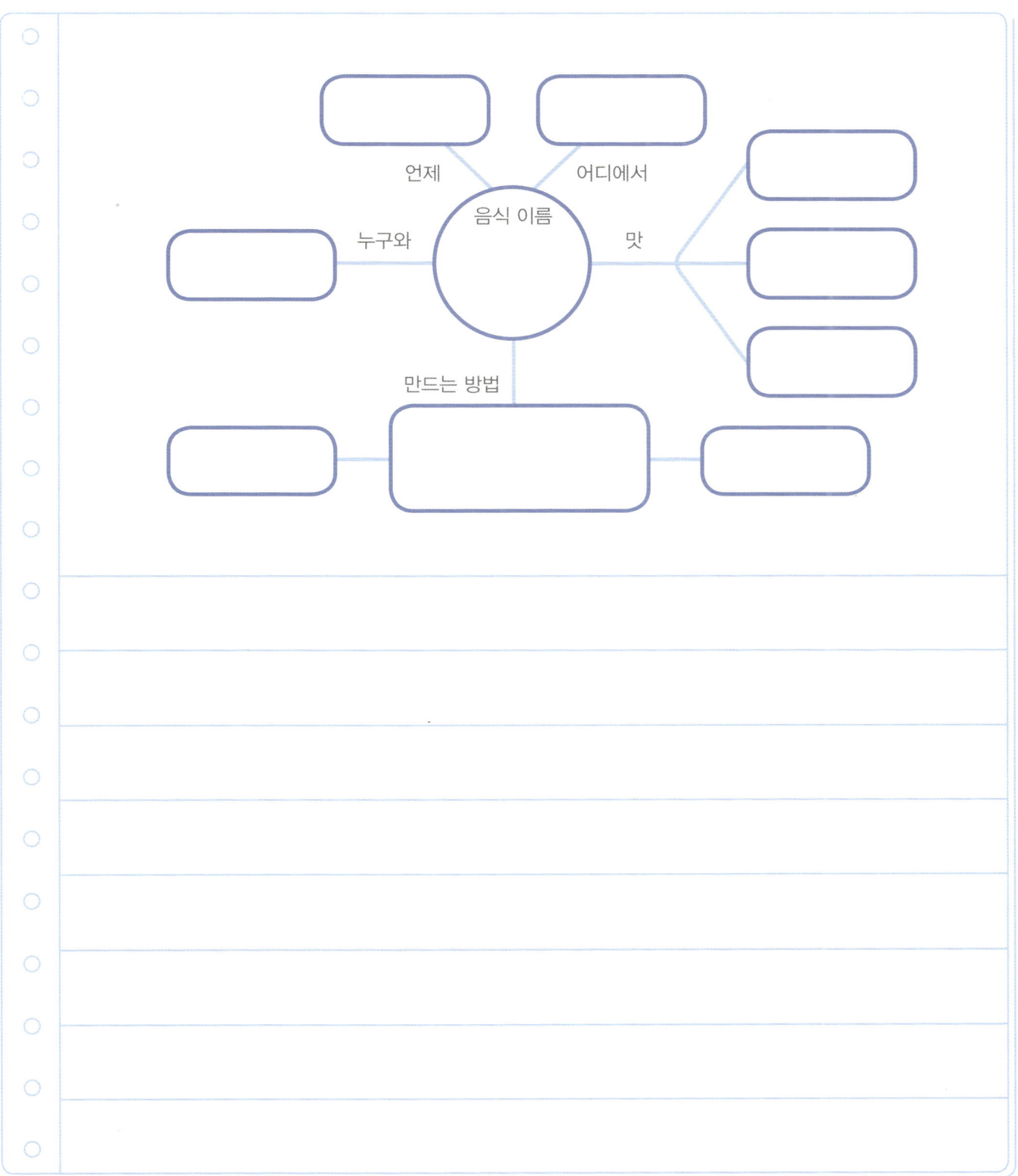

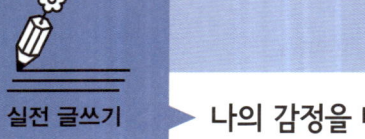
실전 글쓰기 | 나의 감정을 떠올리기

★ 그림을 보고 상상이의 감정이 어땠을지 생각해 봅시다.

1. 상상이는 오늘 느꼈던 감정을 두 가지의 글로 써 보았습니다. 어떤 글이 느낌을 생생하게 표현하고 있는지 ○표를 해 봅시다.

가	갑자기 비가 와서 걱정이 되었다. 엄마가 마중을 나와 기뻤다.
나	갑자기 비가 왔다. 비를 맞고 가면 옷이 다 젖을까 봐 걱정이 되었다. '그냥 뛰어갈까? 집에 연락할까?' 고민이 되었다. 비를 맞으며 집으로 뛰어가는데 엄마를 만났다. 잃어버린 소중한 물건을 찾은 것처럼 반가웠다.

2. 상상이의 상황을 보고 어울리는 표정을 그려 봅시다. 그리고 상상이가 어떤 생각을 하고, 어떤 감정이었을지 빈 곳에 써 봅시다.

상황	집에 가야 하는데 갑자기 비가 온다.	비를 맞으며 뛰어간다.	마중 나온 엄마와 만난다.
어떤 표정을 지었을까요?			
어떤 생각을 했을까요?	• 옷이 젖으면 어떡하지? • 그냥 뛰어갈까? • 집에 연락할까?	• 빨리 집에 가고 싶어. • •	• • •
어떤 감정이었을까요?	• 걱정된다. • 고민이다. •	• 차갑다. • 조마조마하다. •	• 반갑다. • 기쁘다. •
어떤 상황과 비슷한 느낌일까요?	•	•	• 잃어버린 물건을 찾았을 때

> 글을 쓰기 전에, 겪은 일과 생각, 감정, 그리고 비슷한 상황을 정리해 보아요. 비슷한 상황을 떠올릴 때는 그런 감정을 느꼈던 또 다른 경험을 잘 생각해 보아요.

실전 글쓰기 — 떠올린 감정을 문장으로 쓰기

1. 상상이가 떠올린 생각과 감정을 어떤 문장으로 썼는지 빈 곳에 숫자를 써 봅시다.

상황	집에 가야 하는데 갑자기 비가 온다. ①	비를 맞으며 뛰어간다. ⑥	마중 나온 엄마와 만난다. ⑦
어떤 생각을 했을까요?	• 옷이 젖으면 어떡하지? ② • 그냥 뛰어갈까? ③ • 집에 연락할까?	• 빨리 집에 가고 싶어.	
어떤 감정이었을까요?	• 걱정된다. ④ • 고민이다. ⑤	• 차갑다. • 조마조마하다.	• 반갑다. ⑧ • 기쁘다.
어떤 상황과 비슷한 느낌일까요?			• 잃어버린 물건을 찾았을 때 ⑨

갑자기 비가 왔다.	①
비를 맞고 가면 옷이 다 젖을까 봐 걱정이 되었다.	
'그냥 뛰어갈까? 집에 연락할까?' 고민이 되었다.	
비를 맞으며 집으로 뛰어가는데 엄마를 만났다.	
잃어버린 소중한 물건을 찾은 것처럼 반가웠다.	

> 떠올린 생각을 모두 문장으로 만들 필요는 없어요. 글에 어떤 내용이 들어가면 좋을지 선택해서 문장으로 만들어요.

78

2. 겪은 일과 어울리는 것끼리 선으로 이어 봅시다.

| 겪은 일 | 생각과 감정 | 비슷한 상황 |

실전 글쓰기 ▸ 나의 감정을 생생하게 쓰기

1. 떠올린 생각과 감정을 보고, 겪은 일을 생생하게 글로 써 봅시다.

겪은 일	생각과 감정	비슷한 상황
놀이기구를 타고 출발하려고 함.	무섭다. 긴장된다. '언제 출발하는 거지?'	병원에서 주사를 맞을 때

놀이공원에 가서 놀이기구를 탔다. 맨 앞자리에 앉아서 출발을 기다렸다.

언제 출발할지 몰라 _____ .

_____ 때처럼 긴장이 되었다.

겪은 일	생각과 감정	비슷한 상황
어린이날 선물을 받고 열어 보려고 함.	기대된다. 궁금하다. '안에 뭐가 들었을까?'	소풍 전날 잠들 때

어린이날 부모님께 선물을 받았다.

_____ 하는 생각에 너무 궁금해서 빨리 열어 보고 싶었다.

소풍 전날 잠들 때처럼 _____ .

2. 보기 에서 쓰고 싶은 기분을 고르고, 겪은 일을 생생하게 글로 써 봅시다.

보기 아쉽다   뿌듯하다   억울하다   놀라다   무섭다   신난다   슬프다

겪은 일	생각과 감정	비슷한 상황

실전 글쓰기 — 나의 감정을 생생하게 쓰기

3. 어떤 기분을 느꼈을지 생각하며 겪은 일을 생생하게 써 봅시다.

오늘은 친구들과 소풍을 갔다. 나는 들뜬 마음으로 자리에 앉았다.

그런데 가방을 열자마자 깜짝 놀랐다.

2단원

대상에 대해 쓰기

김치가 무엇인지 모르는 사람에게 어떻게 김치를 설명할 수 있을까요? 무언가에 대해 알려 주는 글을 쓰려면 대상을 꼼꼼하게 관찰하고 비교해야 합니다. 어떤 대상에 대해 자세하게 쓰는 방법과 두 대상을 비교하여 쓰는 방법을 알아봅시다.

자기 주도 학습 계획표

학습일	쪽	학습 내용	공부한 날	확인
1일차	84~85	대상을 자세하게 떠올리기	/	
2일차	86~87	대상을 자세하게 쓰기	/	
3일차	88~89	대상을 비교하기	/	
4일차	90~92	대상을 비교해서 쓰기	/	

실전 글쓰기 　대상을 자세하게 떠올리기

★ 퐁퐁이가 동동이에게 내는 수수께끼를 잘 듣고, 다음 물음에 답해 봅시다.

내가 수수께끼 하나 낼게. 과일인데 맛있어. / 그렇게 말하면 어떻게 알아?	음… 크기는 주먹 정도야. / 무슨 색깔이야?
노란색이고 겉이 오톨도톨해. / 정답! 배 아니야?	아니야. 만지면 말랑말랑하고 손으로 껍질을 까서 먹을 수 있어. / 알겠다!

1. 동동이가 답을 맞히기 어렵다고 한 이유는 무엇일까요?

2. 정답은 무엇일까요?

3. 풍풍이가 수수께끼를 내기 위해 어떤 생각을 했을지 빈 곳에 써 봅시다.

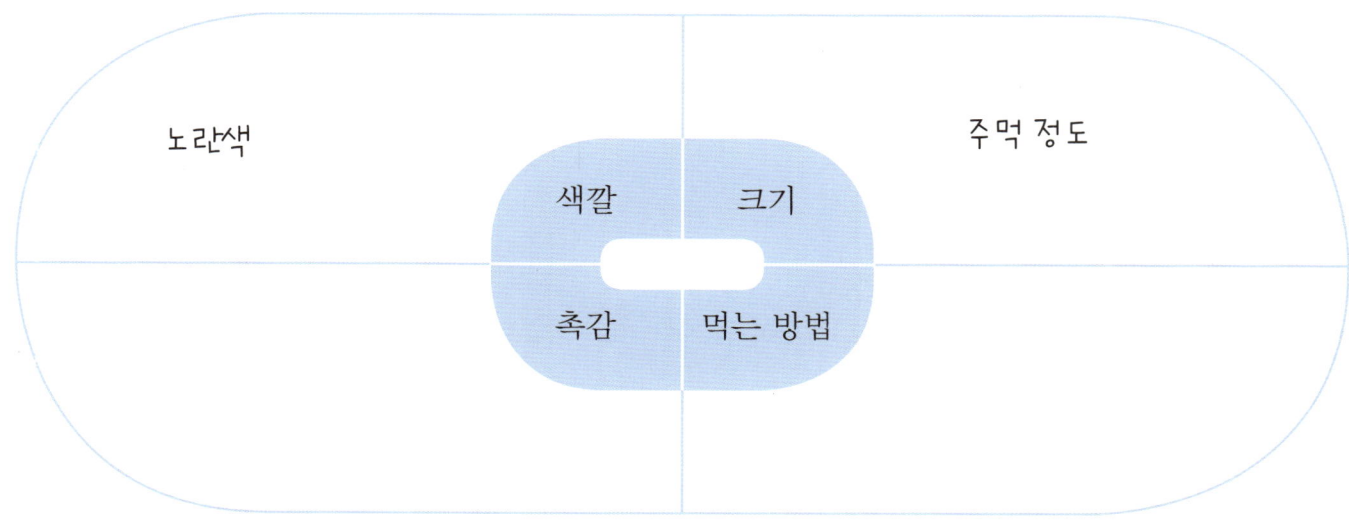

4. 또 어떤 생각을 할 수 있을지 빈 곳에 써 봅시다.

| 맛 | |

| 모양 | |

| 나는 계절 | |

> 한 가지 대상에 대해 쓸 때는 그 대상의 여러 가지 면을 생각해서 자세하게 쓰면 이해하기 쉬워요.

실전 글쓰기   대상을 자세하게 쓰기

1. 떠올린 생각을 잘 보고, 기린에 대해 자세하게 써 봅시다.

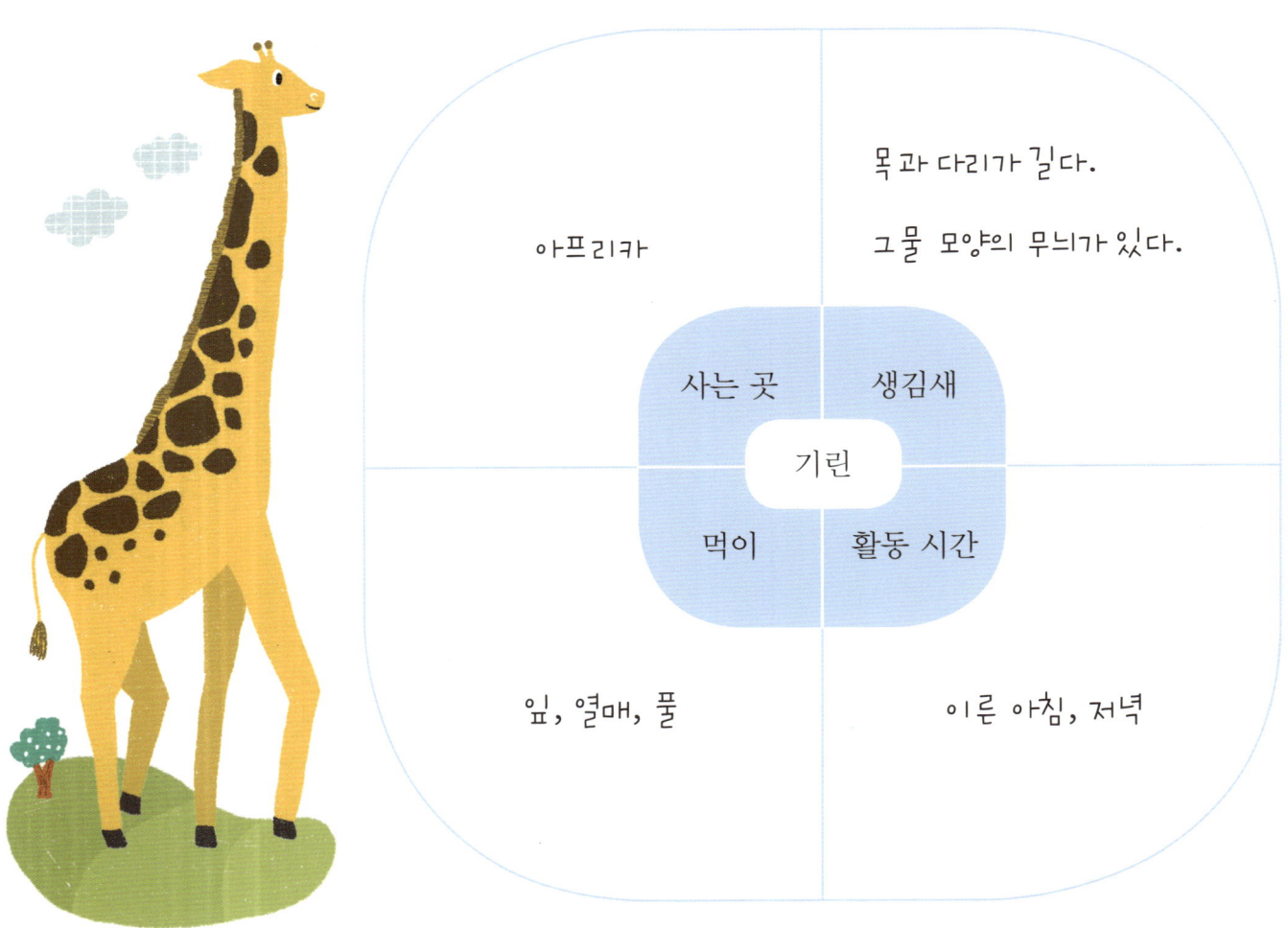

기린은 _____ 에 사는 동물입니다.

목과 다리가 길고, _____ .

_____ 을 먹고 살며,

_____ 에 주로 활동합니다.

2. 내가 아끼는 물건을 떠올리고, 보기 에서 골라 자세하게 써 봅시다.

| 보기 | 색깔 | 크기 | 느낌 | 모양 | 사용 방법 | 쓰임새 |

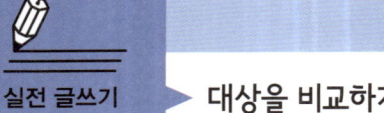

★ 동동이와 상상이가 기르는 동물을 데리고 만났습니다. 다음 물음에 답해 봅시다.

1. 동동이와 상상이가 키우는 동물은 각각 무엇인가요?

2. 상상이가 두 동물이 친해지기 어렵다고 생각한 이유는 무엇인가요?

계획한 날   /   공부한 날   /

3. 강아지와 고양이를 비교하는 글을 쓰기 위해 생각을 정리하였습니다. 에서 알맞은 말을 골라 쓰고, 대상을 비교하는 글을 완성해 봅시다.

> 보기
> '멍멍' 하고 짖는다.   '야옹' 하고 운다.

집에서 기를 수 있다.

주로 낮에 활동한다.   새끼를 낳는다.   주로 밤에 활동한다.

강아지와 고양이는 둘 다 집에서 기를 수 있습니다.

또   점이 같습니다.

그러나 다른 점도 있습니다. 강아지는 '멍멍' 하고 짖지만

고양이는 '야옹' 하고 웁니다. 그리고 강아지는 주로 낮에 활동하지만,

고양이는 주로   .

실전 글쓰기 　대상을 비교해서 쓰기

1. 어떤 점이 같을까요? 같은 점을 떠올려 여러 가지 문장을 만들어 봅시다.

자동차와 비행기
- 둘 다 먼 곳에 갈 수 있게 해 줍니다.
- 사람들이 탈 수 있습니다.
-

볼펜과 연필
-
-
-

해와 달
-
-
-

2. 어떤 점이 다를까요? 다른 점을 떠올려 여러 가지 문장을 만들어 봅시다.

- 자동차는 땅에서 다니고 비행기는 하늘에서 다닙니다.
- 비행기는 자동차보다 빠릅니다.
-

실전 글쓰기 | 대상을 비교해서 쓰기

3. 보기 에서 쓰고 싶은 대상을 골라 두 가지를 비교하는 글을 써 봅시다.

보기 엄마와 아빠   축구와 야구   사자와 호랑이

3단원

주장과 이유 쓰기

텔레비전에서는 물건을 사라고 주장하는 광고가 많이 나오지요. 왜 그 물건을 사야 한다고 말하나요? '주장'은 내 생각을 다른 사람에게 전달하고, 내 생각대로 하자고 말하는 것입니다. 어떻게 글을 써야 나의 주장을 잘 드러낼 수 있는지 알아봅시다.

 자기 주도 학습 계획표

학습일	쪽	학습 내용	공부한 날	확인
1일차	94~95	적절한 주장과 이유 찾기	/	
2일차	96~97	적절한 주장과 이유 쓰기	/	
3일차	98~100	주장과 이유가 잘 드러나게 쓰기	/	

실전 글쓰기 — 적절한 주장과 이유 찾기

★ 만화를 보고 다음 물음에 답해 봅시다.

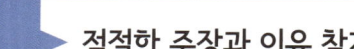

1. 어떤 문제에 대한 자신의 생각을 '주장'이라고 해요. 동동이가 우주여행을 가자고 주장했을 때 엄마가 말도 안 된다고 한 이유는 무엇일까요?

2. '주장'에는 그런 생각을 한 '이유'가 있어야 생각이 더 분명해져요. 내가 동동이라면 마지막에 무엇이라고 말했을지 써 봅시다.

3. 동동이가 주말에 무엇을 하기로 했는지 ◯표를 해 봅시다.

◯	우주여행 가기
◯	박물관 가기
◯	자전거 타기

> 주장을 할 때는 실제로 이루어질 수 있는 일인지 생각해 봐야 해요.

4. 동동이는 '자전거를 타러 가자.'고 주장했습니다. 이유를 더 생각해 써 봅시다.

자전거를 타면

날씨가 좋으니까

> 주장에 대한 이유를 생각할 때는 주장대로 하면 어떤 점이 좋은지 떠올려 보면 돼요.

실전 글쓰기 — 적절한 주장과 이유 쓰기

1. 보기 에서 알맞은 말을 골라 떠올린 생각을 문장으로 완성해 봅시다.

| 보기 | 싶습니다 | 좋겠습니다 | 왜냐하면 | 때문입니다 |

자전거를 타러 가는 게 좋을 것 같아. 자전거를 타면 건강해지고, 잠시 쉬면서 경치도 구경할 수 있잖아.

주장

- 자전거를 타러 가는 게 _____.
- 자전거를 타러 가고 _____.
- 자전거를 타러 가야 합니다.

이유

- _____ 자전거를 타면 건강해지기 때문입니다.
- 왜냐하면 쉬면서 경치를 구경할 수 있기 _____.

> 주장하는 문장은 '~하고 싶습니다', '~하는 게 좋겠습니다', '~해야 합니다'와 같은 표현을 사용해요. 이유를 설명하는 문장은 '왜냐하면 ~ 때문입니다'와 같이 표현해요.

2. 주장에 어울리는 이유를 찾아 선으로 이어 봅시다.

| 엄마의 일을 도와 드려야 합니다. | • | • | 왜냐하면 수영을 하고 싶기 때문입니다. |

| 텔레비전을 오래 보는 것은 좋지 않습니다. | • | • | 왜냐하면 혼자서 일을 하면 힘드시기 때문입니다. |

| 산보다 바다에 가고 싶습니다. | • | • | 왜냐하면 눈이 나빠질 수 있기 때문입니다. |

| 친구를 놀리면 안 됩니다. | • | • | 왜냐하면 친구의 기분이 나빠지기 때문입니다. |

3. 부모님께 어떤 선물을 드릴지, 적절한 주장과 이유를 말한 친구에게 ○표를 해 봅시다.

상상이

돈 백만 원을 드리면 어때? 좋아하실 거야.

동동이

편지를 드리면 어때? 편지를 쓰면 우리 마음을 잘 표현할 수 있으니까.

퐁퐁이

꽃을 드리는 게 좋을 것 같아. 꽃이 예뻐서 내가 가지고 싶으니까.

실전 글쓰기 주장과 이유가 잘 드러나게 쓰기

1. 그림을 보고 주장과 이유가 잘 드러나도록 문장을 써 봅시다.

→

왜냐하면 잃어버렸을 때 쉽게 찾을 수 있기 때문입니다.

→ 자전거를 탈 때는 보호 장구를 해야 합니다.

왜냐하면

→ 음식을 골고루 먹어야 합니다.

왜냐하면

2. 주장이 잘 드러나도록 알맞은 이유를 떠올려 써 봅시다.

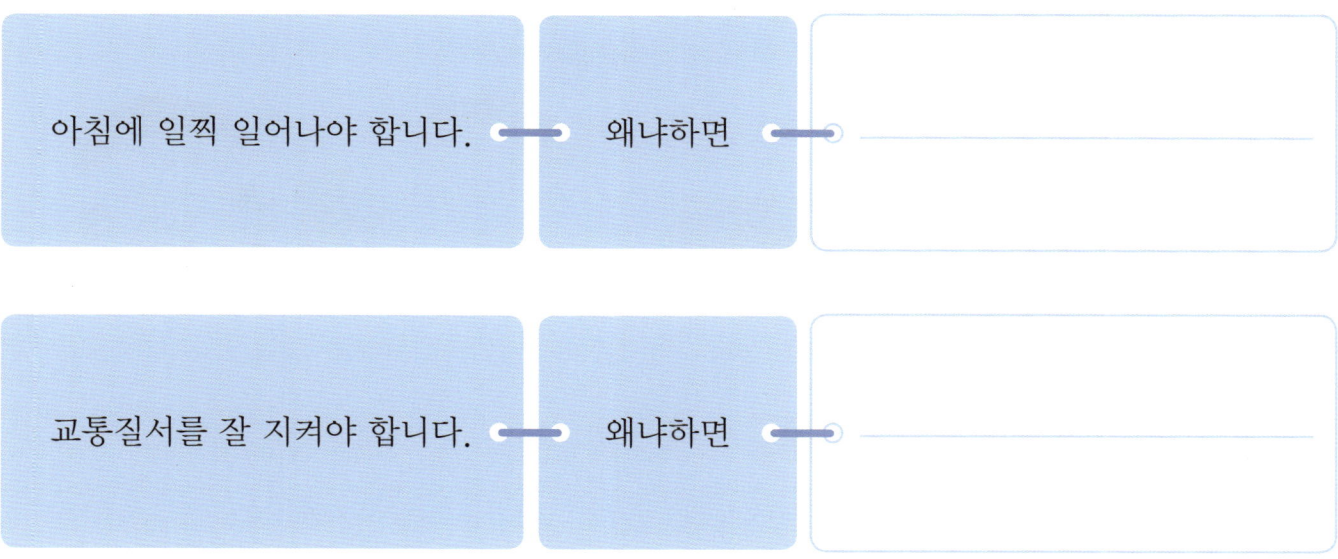

3. 이유에 어울리는 주장을 떠올려 써 봅시다.

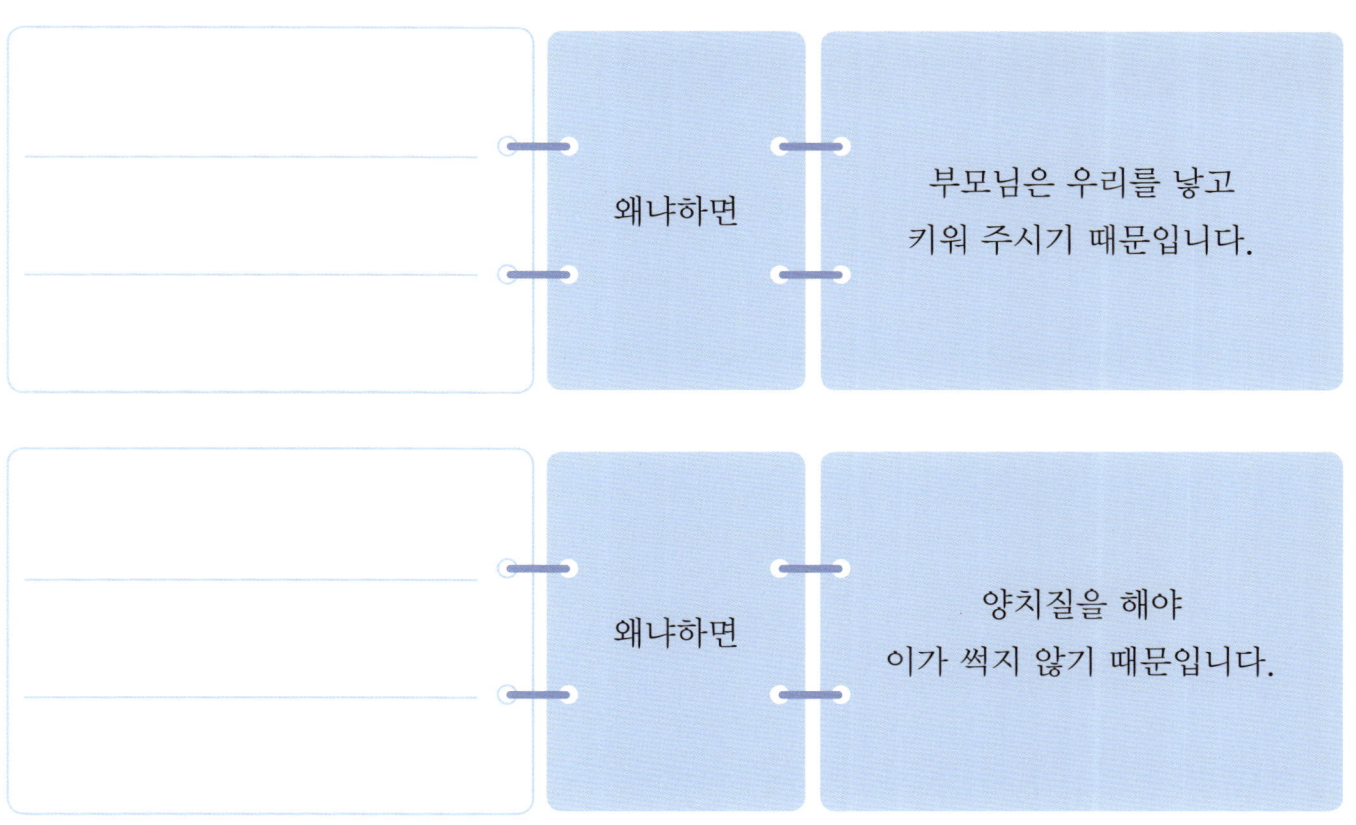

실전 글쓰기 | 주장과 이유가 잘 드러나게 쓰기

계획한 날   /   공부한 날   /

4. 생일 선물로 받고 싶은 것을 떠올려 보고, 왜 그 선물이 받고 싶은지 써 봅시다.

내가 받고 싶은 생일 선물	그렇게 생각한 이유

나는 생일 선물로 _____ 받고 싶습니다.

왜냐하면

이야기 쓰기

재미있게 읽은 책이 있나요? 이야기의 주인공이 어디에서 무엇을 했는지 생각해 보세요. 이야기의 흐름을 알고, 그림에 어울리는 이야기를 쓰고, 그림책 작가가 되어 나만의 이야기도 상상하여 써 봅시다.

 자기 주도 학습 계획표

학습일	쪽	학습 내용	공부한 날	확인
1일차	102~103	이야기의 흐름 알기	/	
2일차	104~105	이야기의 흐름 정리하기	/	
3일차	106~107	그림에 어울리는 이야기 쓰기	/	
4일차	108~109	이야기의 구성 요소 알기	/	
5일차	110~111	이야기 배경과 사건 바꿔 쓰기	/	
6일차	112~113	이야기의 가운데 상상하여 쓰기	/	
7일차	114~116	이야기의 뒷부분 상상하여 쓰기	/	

실전 글쓰기 | 이야기의 흐름 알기

1. 그림책의 이야기가 자연스럽게 흐르도록 알맞게 글을 완성해 봅시다.

①

어느 날, 수정이는 길을 걷다가 주인 없는 _____를 만났습니다.

②

수정이는 강아지에게 '_____'라는 이름을 지어 주었습니다.
둘은 좋은 친구가 되었습니다.

그림에 등장하는 인물의 행동이나 표정, 말 등을 잘 살펴보며 이야기를 만들어요.

③

하루는 수정이가 집에 돌아오니 짱이가 보이지 않았습니다.

'_____'

수정이는 걱정이 되었습니다.

④

그날 저녁, 대문 소리에 나가 보니 짱이가 _____ 를 흔들며 짖고 있었습니다. 수정이는 너무 기뻐 짱이를 꼭 안아 주었습니다.

실전 글쓰기   **이야기의 흐름 정리하기**

1. 이야기의 흐름이 정리되도록 에서 알맞은 문장을 골라 빈 곳에 써 봅시다.

> 보기
> 수정이가 강아지를 만났다.   강아지가 없어졌다.
> 수정이가 돌아온 강아지를 안아 주었다.

흐름	그림	어떤 일이 일어났나요?
처음		
가운데		수정이와 강아지가 친한 친구가 되었다.
끝		

> 이야기는 처음, 가운데, 끝으로 나눌 수 있어요. 처음은 이야기가 시작되는 부분, 가운데는 어떤 일이 벌어지고 어려움을 겪는 부분, 끝은 이야기가 정리되는 부분이에요.

2. 이야기의 순서가 맞게 빈 곳에 알맞은 숫자를 써 봅시다.

 **실전 글쓰기** 　그림에 어울리는 이야기 쓰기

1. 그림에 어울리는 이야기를 써서 그림책을 완성해 봅시다.

진호는 마당에 있는 벽에 페인트를 쓱쓱 칠했습니다.
"하늘색으로 예쁘게 색칠해야지."

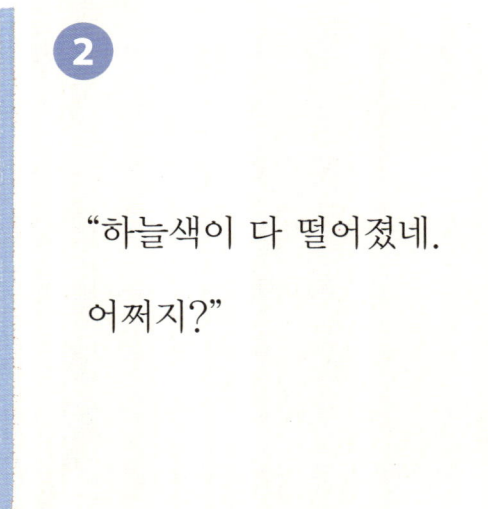

"하늘색이 다 떨어졌네. 어쩌지?"

소리나 모양을 흉내 내는 말, 비유적 표현, 대화문 등을 사용하면 더욱 실감 나게 이야기를 쓸 수 있어요.

107

실전 글쓰기 | 이야기의 구성 요소 알기

1. 이야기는 무엇으로 이루어져 있는지 생각하며 〈토끼와 거북이〉를 읽어 봅시다.

옛날 옛날, 숲속 동물 마을에 토끼와 거북이가 살고 있었습니다.	어느 날, 토끼는 거북이에게 달리기 시합을 하자고 했습니다.
탕! 시합이 시작되자 토끼는 빠르게 거북이를 앞질러 갔습니다.	자기가 이길 거라고 생각한 토끼는 낮잠을 청했습니다.
낮잠에서 깬 토끼는 깜짝 놀랐습니다. 저 멀리 거북이가 결승선에 있었거든요.	거북이는 시합에서 이겼고, 토끼는 자신의 어리석은 행동을 후회했습니다.

2. 〈토끼와 거북이〉 이야기를 떠올리며 빈 곳에 알맞은 말을 써 봅시다.

1) 이 이야기에는 누가 나오나요?

2) 이 이야기는 언제, 어디에서 벌어졌나요?

3) 어떤 일이 일어났나요?

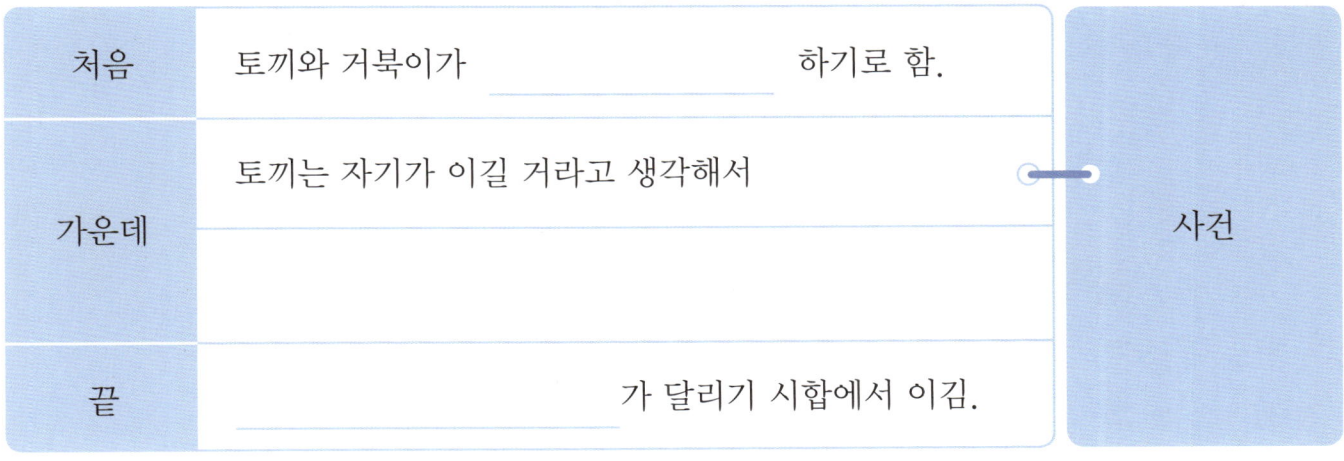

처음	토끼와 거북이가 _____ 하기로 함.
가운데	토끼는 자기가 이길 거라고 생각해서
끝	_____ 가 달리기 시합에서 이김.

(사건)

이야기는 인물(누가 나오는지), 배경(언제, 어디에서 벌어진 일인지), 사건(어떤 일이 일어났는지)으로 이루어져 있어요.

실전 글쓰기 | 이야기 배경과 사건 바꿔 쓰기

1. 만약 토끼와 거북이가 바다에서 수영 시합을 했다면 어떤 일이 벌어졌을까요? 그림에 어울리게 이야기를 바꾸어 써 봅시다.

> 토끼와 거북이는 바다에서 수영 시합을 하기로 했습니다. 시합이 시작되자,

2. 만약 달리기 시합 도중에 다른 일이 일어났다면 이야기는 어떻게 끝났을까요? 원하는 사건을 골라 ○표를 하고, 사건에 맞게 이야기를 바꾸어 써 봅시다.

옛날 옛날, 숲속 동물 마을에 토끼와 거북이가 살고 있었습니다. 어느 날, 토끼는 거북이에게 달리기 시합을 하자고 했습니다. 탕! 시합이 시작되자 토끼는 빠르게 거북이를 앞질러 갔습니다.

실전 글쓰기 이야기의 가운데 상상하여 쓰기

1. 가운데 부분에 어떤 이야기가 있을지 상상하며 이야기를 읽어 봅시다.

처음

호랑이, 독수리, 당나귀, 토끼가 숲속을 걷고 있었습니다. 네 친구는 함께 길을 걷다가 낭떠러지를 만났습니다.

주변에 쓸 만한 도구가 있나 찾아보자.

여길 건너가려면 어떻게 해야 하지?

가운데

끝

네 친구는 무사히 낭떠러지를 건너갔습니다. 어느새 날이 저물어 친구들은 다른 마을을 향해 다시 발걸음을 재촉했습니다.

2. 가운데 부분에 어떤 이야기가 있었을까요? 동물 친구들이 어떤 도구를 구해 왔을지 상상해서 ○표를 해 봅시다.

3. 동물 친구들은 어떻게 힘을 합쳐 낭떠러지를 건넜을까요? 상상해서 써 봅시다.

등장인물들과 배경을 생각하며 앞뒤 이야기를 연결해 보세요.

실전 글쓰기 | 이야기의 뒷부분 상상하여 쓰기

1. 이야기를 읽고 뒷부분을 상상하여 써 봅시다.

처음

어느 마을에 마음씨 착한 여우가 살고 있었습니다.
하루는 여우가 샘물을 마시러 갔다가 이상한 바가지를 보았습니다.

가운데

집으로 바가지를 가지고 온 여우는 나무 열매를 하나 넣어 두었습니다. 다음 날 아침, 여우는 깜짝 놀랐습니다. 나무 열매가 바가지에 가득 있었기 때문입니다.

가운데

여우는 바가지 덕분에 숲속에서 제일가는 부자가 되었습니다.
부자가 된 여우는 다른 동물들에게 먹을거리를 나누어 주었습니다.

그 모습을 보고 옆집의 욕심쟁이 여우가 찾아왔습니다.
"그 바가지 좀 빌릴 수 있을까?"

실전 글쓰기 ▶ 이야기의 뒷부분 상상하여 쓰기

가운데

욕심쟁이 여우는 바가지에 먹을거리를 잔뜩 쑤셔 넣었습니다.

끝

미리 보고 개념 잡는 초등 첫 글쓰기

정답

- 정답을 포함한 예시 답안이 실려 있습니다.
- 글쓰기에는 정답이 없으므로, 반드시 갖추어야 할 요소를 중심으로 예시 답안을 작성했습니다.
- 글쓰기에 자신이 없다면 예시 답안을 보고 써 보는 것도 도움이 됩니다.

10쪽	1. 동동이 2. 유리창
11쪽	4. 고양이가 / 책(들)이 / 거미가 / 신발이 5. 나는 / 꽃이 / 강아지가
12쪽	1. 책을 읽었습니다. 2. 재미있습니다. 3. 작가입니다.
13쪽	1. 뛰다 / 먹다 2. 쓴다 / 달린다 / 든다 / 뜯는다
14쪽	1. 파랗다 / 착하다 2. 무겁다 / 크다 / 깨끗하다 / 맵다

15쪽 1.

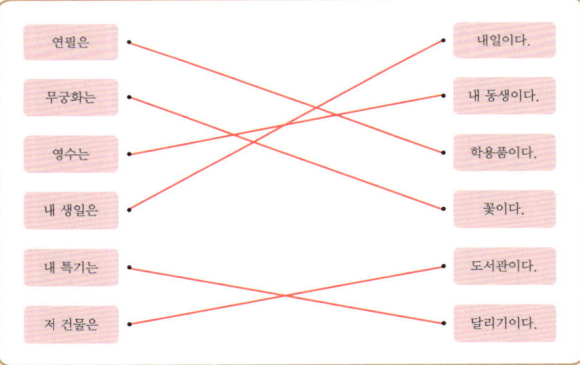

2. 딸기이다 / 줄넘기이다

16쪽 1. 만두
2. 초밥

17쪽 4. 피자를 / 손을 / 책을 / 야구공을, 공을
5. 자전거를 / 김치를 / 청소를

18쪽 1. 장난감
2. 닭

19쪽 4. 얼음이 / 개구리가 / 초록불이, 파란불이 /
예) 나비가
5. 은수는 어른이 아니다. / 삼촌은 의사가 되었다.

20쪽 1. 꽃이 / 부릅니다. / 밥을 / 짧습니다. /
진규가, 꽃을
2. 1) 책상에 연필이 있습니다.
2) 공놀이가, 나는 공놀이를 좋아합니다.
3) 여왕을, 공주는 자라서 여왕이 되었습니다.
4) 음식을, 내가 좋아하는 음식은 피자입니다.

21쪽 3.

4. 장난꾸러기이다 / 나는, 마신다 /
연필을, 빌려주었다

22쪽 5. 예) 8살이 / 칩니다 / 선물을, 주었습니다 /
우유를

24쪽 1. 공원
2. 어제
3. 넓은

25쪽 4. 예)
2) 책상 위에, 가방 안에
3) 수영장에서, 바다에서
5. 예)
1) 겨울에
2) 오늘, 어제
3) 오늘, 어제, 조금 전에

6. 예)
1) 더러운, 넓은, 좁은
2) 예쁜
3) 재미있는, 무서운

26쪽

1. 아빠

2. 신나게

3. 아주

27쪽

4. 예)
1) 부모님과, 친구와, 동생과, 수민이랑
2) 부모님과, 친구와, 동생과, 강아지와, 수민이랑
3) 부모님과, 친구와, 동생과, 강아지와, 수민이랑

5. 예)
1) 신나게, 즐겁게, 빠르게
2) 신나게, 우렁차게, 즐겁게, 슬프게
3) 슬프게

6. 예)
1) 아주, 굉장히, 정말, 조금, 약간, 매우
2) 아주, 굉장히, 정말, 조금, 약간, 매우
3) 아주, 굉장히, 정말, 조금, 약간, 매우

28쪽

1.

29쪽

2. 어흥 / 철썩철썩 / 또각또각

3. 예) 데굴데굴 / 꼬르륵 / 첨벙첨벙 / 짝짝

30쪽

1.

31쪽

2.

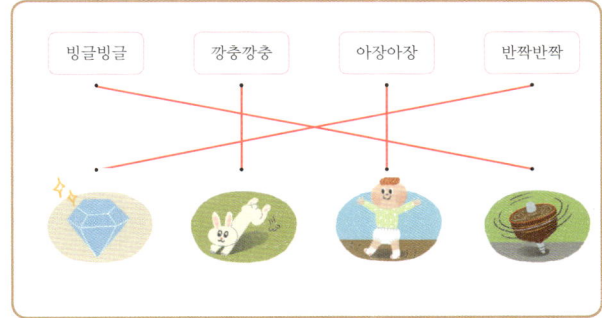

3. 예) 덜덜 / 절레절레 / 울긋불긋 / 모락모락

32쪽

1. 예)
문제1- 집으로 / 고양이와, 집으로
문제2- 침대에서 / 밤에, 침대에서

33쪽

2. 예) 솔솔 / 주렁주렁 / 드르렁드르렁 / 둥둥 / 멍멍

34쪽 3. 지난주에, 아버지와 / 넓은 / 신나게 / 뻘뻘 / 두둥실

36쪽 1. 바늘과 실
2. 단풍잎
3. 예) 언제나 함께 다니며 어울린다. / 빨갛다.

37쪽 4. 예)
둥글다– 접시
노랗다– 귤
환하다– 전구
무섭다– 호랑이
따뜻하다– 난로
포근하다– 이불

38쪽 1. 문제1– 차가운, 얼음 / 얼음, 차가운
문제2– 컴퓨터 / 컴퓨터, 똑똑하다

39쪽 2. 예)
문제1– 나는 거북이처럼 느리다.
문제2– 가을 들판이 황금 같다.
문제3– 나는 농구 선수처럼 키가 크다.

40쪽 1.

2.

41쪽 3. 시퍼런 / 샛노란 / 새까맣게
4. 1) 새빨간
2) 까맣게
3) 노랗다

42쪽 1.

2. 예)
문제1– 기쁘다, 행복하다, 신난다, 즐겁다
문제2– 시무룩하다, 슬프다, 우울하다

43쪽 3. 예)
문제1– 같이 놀 수 없어서 우울하다.
문제2– 엄마에게 혼이 나서 속상하다. / 사정이 있었는데 억울하다. / 엄마가 화를 내서 무섭다.
문제3– 선물을 받아서 기쁘다. / 선물을 받아서 행복하다. / 책의 내용이 기대된다.

44쪽 1. 1) 벌겋게
2) 노릇노릇한
3) 예) 새파란 하늘에 구름이 떠 있다. /
   선물로 새하얀 운동화를 받았다.
2. 아쉽다 / 후련하다 /
예) 내가 한 일이 아닌데 혼나서 억울하다.

45쪽 3. 화가 나서, 벌겋게 / 조마조마했다 / 호랑이

49쪽 2.

50쪽 1. 예)
문제1- 떡국도 먹습니다.
문제2- 그리고 눈사람도 만들었습니다.
문제3- 강아지와 산책을 했습니다. 또 강아지를 목욕시켜 주었습니다.

51쪽 2. 예) 그리고 / 또 아빠와 공놀이도 하면서 즐겁게 놀았다.

53쪽 2.

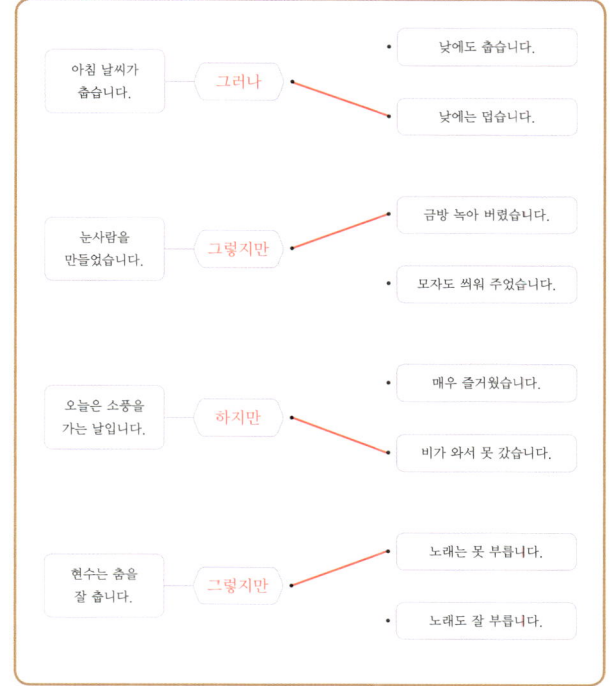

54쪽 1. 예)
문제1- 친구는 듣지 못했습니다.
문제2- 그러나 팔씨름을 잘합니다.
문제3- 나는 수영을 잘합니다. 그렇지만 달리기는 못합니다.

55쪽 2. 예) 그러나 / 그러나 겨울에는 비 대신 눈이 많이 내립니다.

57쪽 2. 먹고 / 찼지만 / 수아는 밥을 다 먹었지만 혁이는 밥을 다 먹지 못했습니다. / 나는 야구를 좋아하고 축구도 좋아합니다.

58쪽 3. 좋아하지만 / 시원하고 / 깊고

60쪽 1. 퐁퐁이가 자꾸 놀려서

예시 답안 **121**

61쪽 3. 문제1- 왜냐하면
문제2- 예) 왜냐하면 친구에게 생일 선물을 받았기 때문입니다.
문제3- 예) 진호는 엉덩이가 아팠습니다. 왜냐하면 미끄러졌기 때문입니다.

63쪽 2. 문제1- 그래서
문제2- 예) 그래서 달리기 대회에서 1등을 했습니다.
문제3- 예) 방을 청소했습니다. 그래서 방이 깨끗해졌습니다.

64쪽 1. 문제1- 그래서 / 왜냐하면
문제2- 예) 그래서 거리에서 냄새가 납니다. / 왜냐하면 사람들이 함부로 쓰레기를 버렸기 때문입니다.

65쪽 2.

그래서 /
예) 왜냐하면 아침에 늦잠을 잤기 때문입니다.

67쪽 2. 문제1- 다쳤기 때문에, 다쳐서
문제2- 앉았기 때문에, 앉아서
문제3- 그래서 / 정인이는 눈이 나빠졌기 때문에 안경을 썼습니다. / 정인이는 눈이 나빠져서 안경을 썼습니다.

70쪽 1. 나

71쪽 2. 예)

72쪽 1. ④ / ③ / ②

73쪽 2. 예)
문제1- 시원한 느낌도 들었다. 바람이 살랑살랑 불었기 때문이다.
문제2- 내 생일에 케이크를 먹었다. 케이크는 스펀지처럼 폭신폭신했다. 부모님께 선물도 받았다. 크리스마스에 산타 할아버지에게 선물을 받은 것처럼 신났다.

74쪽 1. 예)

지난주 일요일 우리 집에서 친구랑 샌드위치를 만들었다. 식빵, 양상추, 달걀, 잼을 준비하고 탑처럼 쌓았다. 양상추가 아삭아삭 씹히고 달콤한 맛이었다. 고소한 우유랑 먹으니 더욱 맛있었다.

75쪽 2. 예)

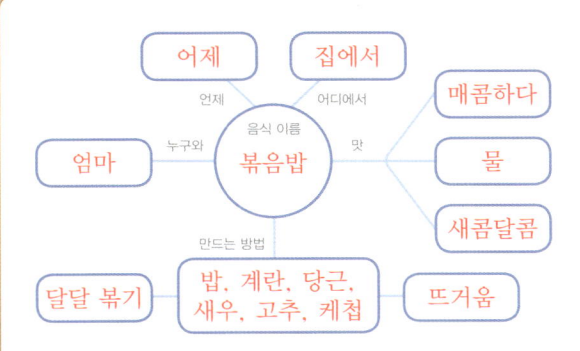

어제 엄마와 집에서 볶음밥을 만들었다. 밥에 계란이랑 당근, 새우, 고추를 넣고 볶았다. 불 앞에 있어서 뜨거웠지만 재미있기도 했다. 마지막에 케첩을 넣고 완성했다. 한입 먹어 보니 매콤하면서도 새콤달콤했다.

76쪽 1. 나

77쪽 2. 예)

집에 가야 하는데 갑자기 비가 온다.– 당황스럽다. 놀랐다. / 물건을 잃어버렸을 때
비를 맞으며 뛰어간다.– 비가 너무 차가워. 미끄러지면 안 돼. / 싫다. 속상하다. / 친구가 나를 놀리고 도망갈 때
마중 나온 엄마와 만난다.– 정말 엄마인가? 엄마한테 고마워, 야호! / 고맙다. 다행이다.

78쪽 1. ②, ④ / ③, ⑤ / ⑥, ⑦ / ⑧, ⑨

79쪽 2.

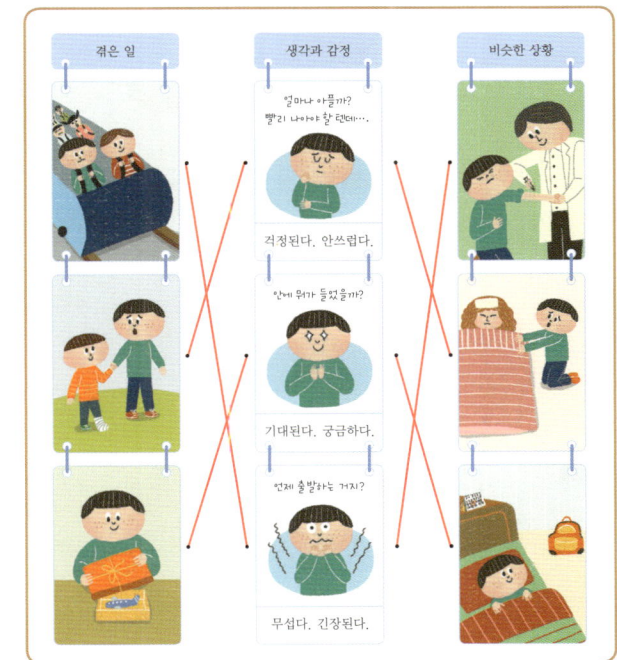

80쪽 1. 예)

문제1– 무서웠다. / 병원에서 주사를 맞을
문제2– '안에 뭐가 들었을까?' /
　　　　기대되고 궁금했다.

81쪽 2. 예)

겪은 일– 줄넘기 50개 넘기
생각과 감정– 뿌듯하다. 신난다. '내가 해냈어!'
비슷한 상황– 산 정상에 오른 일

오늘 드디어 줄넘기 50개 넘기에 성공했다. 처음에는 잘되지 않았다. 그런데 오늘 무려 50개를 넘었다. 나는 내가 해냈다는 생각에 너무 신났다. 마치 산 정상에 오른 것처럼 뿌듯했다.

82쪽 3. 예)

> 오늘은 친구들과 소풍을 갔다. 나는 들뜬 마음으로 자리에 앉았다. 그런데 가방을 열자마자 깜짝 놀랐다. 내 모자가 없어졌기 때문이다. '어디에 떨어뜨렸을까?' 걱정이 되었다. 그때 친구가 내 모자를 들고 혹시 네 것이냐고 물었다. 나는 마치 헤어진 친구를 다시 만난 것처럼 반가웠다.

84쪽
1. 설명이 충분하지 않아서
2. 예) 귤, 오렌지, 레몬

85쪽
3. 촉감– 만지면 말랑말랑하다.
   먹는 방법– 손으로 껍질을 까서 먹는다.
4. 예) 귤
   맛– 새콤달콤하다.
   모양– 둥글다.
   나는 계절– 주로 겨울에 난다.

86쪽
1. 예) 아프리카 / 그물 모양의 무늬가 있습니다 / 잎, 열매, 풀 / 이른 아침이나 저녁

87쪽
2. 예) 곰 인형
   크기– 축구공 정도
   느낌– 부드럽고 푹신하다.
   색깔– 갈색
   모양– 귀가 작고, 눈이 까맣다. 목에 귀여운 스카프를 하고 있다.
   쓰임새– 가지고 놀거나 안고 잔다.

> 내가 가장 아끼는 물건은 곰 인형입니다. 크기는 축구공 정도 되고, 색깔은 갈색입니다. 만지면 부드럽고 푹신해서 잘 때 꼭 안고 잡니다. 귀가 작고 눈이 까맣게 빛납니다. 목에는 귀여운 스카프도 하고 있습니다.

88쪽
1. 고양이와 강아지
2. 서로 다른 점이 많아서

89쪽
3. 강아지– '멍멍' 하고 짖는다.
   고양이– '야옹' 하고 운다.
   새끼를 낳는다는 / 밤에 활동합니다

90쪽 1. 예)
자동차와 비행기– 바퀴가 있습니다. 연료가 필요합니다.
볼펜과 연필– 글씨를 쓸 수 있습니다. 길쭉합니다. 필통에 보관합니다.
해와 달– 빛이 납니다. 하늘에 있습니다. 하늘에 하나밖에 없습니다.

91쪽 2. 예)
자동차와 비행기– 비행기는 자동차보다 사람들이 한 번에 많이 탑니다.
볼펜과 연필– 볼펜은 지울 수 없지만, 연필은 지울 수 있습니다. / 볼펜은 여러 가지 색깔이 있지만, 연필은 한 가지 색깔입니다.
해와 달– 해는 낮에 뜨지만, 달은 밤에 뜹니다. / 해는 눈이 부시지만, 달은 눈이 부시지 않습니다.

92쪽 3. 예) 축구와 야구
공통점– 공을 사용한다. 점수로 대결한다. 두 팀이 대결한다.
차이점– 축구 / 발을 사용한다. 골을 넣는다.
야구 / 손을 사용한다. 도구를 쓴다.

> 축구와 야구는 둘 다 공을 사용하는 운동입니다. 두 팀이 대결하여 점수를 많이 내는 팀이 이깁니다. 그러나 차이점도 있습니다. 축구는 주로 발을 사용하며, 상대편의 골대에 골을 넣습니다. 그러나 야구는 손으로 공을 던지고 받으며 도구를 사용해 공을 칩니다.

94쪽 1. 실제로 이루어질 수 없기 때문에
2. 예) 건강해지기 때문이에요.

95쪽 3. 자전거 타기
4. 예) 다리 운동이 되어서 건강해진다. / 잠시 쉬면서 주변의 경치를 감상할 수 있다.

96쪽 1. 주장- 좋겠습니다 / 싶습니다
이유- 왜냐하면 / 때문입니다

97쪽 2.

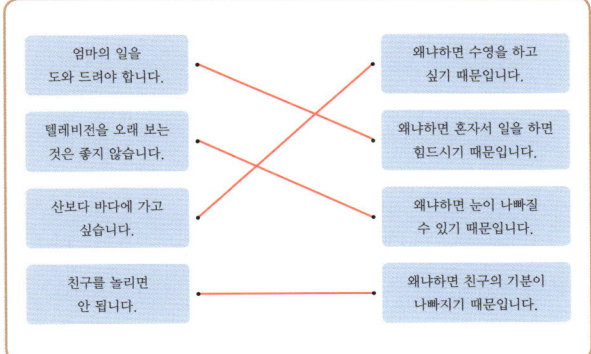

3. 동동이

98쪽 1. 예)
문제1- 내 물건에 이름을 써야 합니다.
문제2- 넘어져서 다칠 수 있기 때문입니다.
문제3- 건강해지기 때문입니다.

99쪽 2. 예)
문제1- 학교에 가야 하기 때문입니다.
문제2- 사고가 나서 다칠 수 있기 때문입니다.
3. 예)
문제1- 부모님께 감사하는 마음을 가져야 합니다.
문제2- 양치질을 잘해야 합니다.

100쪽 4. 예)
내가 받고 싶은 생일 선물- 컴퓨터
그렇게 생각한 이유- 컴퓨터로 숙제와 공부를 할 수 있기 때문이다. / 컴퓨터로 게임을 하며 즐거운 시간을 보낼 수 있기 때문이다.

> 나는 생일 선물로 컴퓨터를 받고 싶습니다. 왜냐하면 컴퓨터를 사용해서 숙제를 할 수 있기 때문입니다. 그리고 모르는 것을 찾아보며 공부할 수도 있습니다. 또 게임을 하며 즐거운 시간을 보낼 수도 있습니다.

102쪽 1.

103쪽 **1.** 예)

104쪽 **1.**

105쪽 **2.**

107쪽 **1.** 예)
③- 고민하던 진호는 초록색과 빨간색 페인트를 가져왔습니다. 그리고 무언가를 쓱쓱 그렸습니다.
④- 어느덧 벽에는 풍경이 나타났습니다. "하늘색으로만 칠한 것보다 더 예쁘네!" 초록 수풀이 햇살에 빛나고 있었습니다.

109쪽 **2.** 1) 토끼, 거북이
2) 옛날 옛날, 숲속 동물 마을
3) 처음- 달리기 시합을
　 가운데- 낮잠을 잠.
　 끝- 거북이

110쪽 1. 예)

토끼와 거북이는 바다에서 수영 시합을 하기로 했습니다. 시합이 시작되자, 토끼는 깜짝 놀랐습니다. 거북이가 땅 위에서보다 훨씬 빠른 속도로 헤엄을 치고 있었기 때문입니다. 달리기를 잘한다고 자랑하던 토끼는 후회했습니다.

111쪽 2. 예)

옛날 옛날, 숲속 동물 마을에 토끼와 거북이가 살고 있었습니다. 어느 날, 토끼는 거북이에게 달리기 시합을 하자고 했습니다. 탕! 시합이 시작되자 토끼는 빠르게 거북이를 앞질러 갔습니다. 그러다 토끼는 꽈당 넘어지고 말았습니다. 피가 나자 토끼는 울음을 터뜨렸습니다. 한참을 울던 토끼는 힘이 빠졌습니다. "내가 도와줄까?" 그때 거북이가 다가왔습니다. 거북이는 토끼를 위로해 주었습니다. 토끼는 거북이를 이기려고 했던 마음이 부끄러웠습니다.

113쪽 3. 예)

힘센 호랑이가 통나무를 여러 개로 조각냈습니다. 네 친구는 통나무 조각들을 줄로 단단히 묶었습니다. 그리고 가장 끝의 통나무 조각 하나는 친구들이 있는 쪽에 고정하고, 다른 하나는 독수리가 물고 가 반대편에 고정했습니다. 통나무 다리가 완성되자, 네 친구는 조심조심 통나무 다리를 밟고 갔습니다. 덕분에 네 친구는 사이좋게 다리를 건널 수 있었습니다.

116쪽 1. 예)

자꾸자꾸 넣다 보니 바가지는 조금씩 금이 가기 시작했습니다. 그것도 모르고 욕심쟁이 여우는 먹을거리를 더 많이 넣었습니다. 그때 '퍽!' 하는 소리와 함께 바가지가 산산조각이 났습니다. 그제서야 여우는 자기가 너무 욕심을 부렸다는 것을 알았습니다. "조금만 넣을걸." 욕심쟁이 여우는 후회의 눈물을 흘렸답니다.

저자 이재승

한국교원대학교와 동대학원 국어교육학과를 졸업(교육학 박사)하고 한국교육과정평가원 연구원 및
대구교육대학교 국어교육과 교수, 대학수학능력시험·외무 고시·교원임용고사 등의 출제 위원을 역임했습니다.
현재 서울교육대학교 국어교육학과 교수로 재직 중이며, 초등학교 국어 교과서 기획 및 집필을 책임지고 있습니다.
지은 책으로 『좋은 국어 수업 어떻게 할 것인가』, 『글쓰기 교육의 원리와 방법』,
『아이들과 함께하는 독서와 글쓰기 교육』 등이 있습니다.

저자 공은혜

서울교육대학교를 졸업하고, 현재 서울 보라매초등학교 교사로 근무하고 있습니다.
2009 개정 국어 교과서 집필 위원으로 교과서를 집필하였습니다.
평소 글쓰기 교육에 관심을 가지고 꾸준히 공부하며 아이들을 지도하고 있습니다.

미리 보고 개념 잡는 초등 첫 글쓰기

펴낸날 2016년 10월 20일 초판 1쇄, 2022년 9월 1일 초판 11쇄
저자 이재승, 공은혜 | **그린이** 윤혜영
펴낸이 신광수 | **CS본부장** 강윤구 | **출판개발실장** 위귀영 | **출판영업실장** 백주현 | **디자인실장** 손현지
아동콘텐츠개발팀 박재영, 류효정 | **출판디자인팀** 최진아 | **표지디자인** 솔트앤페퍼 커뮤니케이션 | **저작권 업무** 김마이, 이아람
채널영업팀 이용복, 우광일, 김선영, 이채빈, 이강원, 강신구, 박세화, 김종민, 정재욱, 이태영, 전지현
출판영업팀 민현기, 최재용, 신지애, 정슬기, 허성배, 설유상, 정유
CS지원팀 강승훈, 봉대중, 이주연, 이형배, 이우성, 전효정, 이은비, 장현우
펴낸곳 (주)미래엔 | **등록** 1950년 11월 1일 제 16-67호 | **주소** 서울특별시 서초구 신반포로 321
전화 미래엔 고객센터 1800-8890 | **팩스** 541-8249 | **홈페이지** www.mirae-n.com

ISBN 978-89-378-4701-1 64710
ISBN 979-11-6841-076-3(세트)

책값은 뒤표지에 있습니다. 파본은 구입처에서 교환해 드리며, 관련 법령에 따라 환불해 드립니다.
다만, 제품 훼손 시 환불이 불가능합니다.